현명한 부모가
지혜로운 아이를 만든다

현명한 부모가
지혜로운 아이를 만든다

글 | 조향미 · 이도환 부부

펴낸이 | 최병섭
펴낸곳 | 이가출판사

초판발행 | 2004년 2월 16일

출판등록 | 1987년 11월 23일(제1-547호)
주   소 | 서울시 마포구 합정동 368-54번지(대호빌딩1층)
대표전화 | 713-1993
팩시밀리 | 713-1994

〈값 8,000원〉

잘못된 책은 바꿔드립니다.

ISBN | 89-7547-061-x (03370)

평등부부가 함께 아이를 키우며 만든 교육 노트

현명한 부모가
지혜로운 아이를 만든다

| 조향미 · 이도환 부부 지음 |

이가출판사

머릿말

아이를 가장 크게 절망하게 만드는 것은 무엇일까요? 아이가 자라
면서 크게 상처를 받아, 스스로 자괴감에 빠져 눈물을 흘리게 만드는
것은 과연 무엇일까요?

그것은 바로 자신이 세상에서 가장 믿고, 또 사랑하는 부모로부터
듣는 말 때문입니다.

"네가 뭘 알아?" "네가 그렇지 뭐." "어휴 답답해." "이 바보 같은 녀
석!" "눈앞에서 꺼져버려!" "공부도 못하는 게 무슨…."

부모가 별 뜻 없이 평상시에 쓰는 말들이 아이에게는 가슴에 비수가
되어 꽂힙니다.

물론 그렇게 말하는 부모 중에 아이 가슴에 상처를 주기 위해서 그
런 말을 하는 부모는 없습니다. 오히려 좀더 나은 아이가 되었으면 하
는 소망을 담아 그런 말을 하는 것입니다.

하지만 아이들은 부모의 말을 곧이곧대로 받아들일 뿐, 그 말 뒤에
숨어있는 부모의 마음까지 헤아리지는 못합니다.

이 책은 부모들이 아이에게 아무런 생각 없이 평상시에 사용하는 말
들이 아이에게는 얼마나 큰 상처가 되는지, 그리고 아이의 성장에 어
떤 영향을 미치는 지에 대해 알아보기 위해 만들어졌습니다.

우리 부부도 열두 살 된 아들을 키우고 있습니다. 처음 결혼을 할 때
에는 좋은 부모가 되고 싶었고, 그럴 자신도 있었습니다.

하지만 어느 날, 세상에서 가장 소중하고 가장 큰 사랑을 주고 싶은

우리 아이에게 기대에 못 미친다고 해서 폭언과 비난의 말을 서슴지 않고 술술 해대고 있는 것을 발견하게 되었습니다. 사랑이란 이름으로, 부모라는 이름으로 우리 아이에게 얼마나 많은 상처를 주었는지…. 너무 가슴이 아프더군요.

하다못해 집안의 화초도 매일 사랑한다는 말을 해주고, 잎의 먼지도 닦아주어야만 더욱 잘 자라고 예쁜 꽃을 피운다는데, 세상에서 가장 소중한 내 아이에게는 상처가 되는 말을 서슴없이 하면서 훌륭한 사람으로 성장하기를 원했던 것입니다.

좋은 부모가 되고자 하는 마음은 있었지만 실제로 좋은 부모가 되기 위한 교육을 받은 적이 없다는데 생각이 머물렀습니다.

우리 부부는 반성하는 마음으로 좋은 부모가 되고 싶어 하는 주변 사람들의 도움을 받아 평상시에 부모들이 자주 쓰는 말들을 모아 분석하기 시작했습니다. 생활 속에서 부주의하게 쓰인 부모의 말이 아이의 성품과 미래, 일생에 어떤 영향을 미치는 지에 대해 분석하고, 부모의 올바른 대화법에 대해 연구하였습니다.

평상시에 부모가 하는 말이 아이를 부정적이고 소극적이고 반항심 많은 아이로 만들기도 하고, 밝고 적극적이고 건강한 아이로 만들기도 합니다.

우리 아이들의 희망찬 미래를 위해 좋은 부모가 되려는 모든 분들에게 이 책이 조금이나마 도움이 되었으면 하는 마음 간절합니다.

치려..

1 내아이 마음에 사랑을 심어주는 말

2 내아이 마음에 행복을 심어주는 말

3 내아이 마음에 기쁨을 심어주는 말

4 내 아이 마음에 감사함을 심어주는 말

내아이
마음에
사랑을
심어주는 말

사랑을 받고 있다고 느끼는 순간, 사람에게는 무한한 에너지가 나오게 된
다. 자신을 사랑해주는 사람을 실망시키지 않기 위해 노력하기 때문이다.

" 어휴 답답해, 넌 도대체 누굴 닮아 그러니?

아이가 말을 잘 듣지 않거나 기대한 만큼 성적을 올리지 못 하였을 때 "어휴, 답답해, 넌 도대체 누굴 닮아서 그러니?" 라는 말을 곧잘 내뱉게 된다. 그렇다고 아이에게 비참한 기분을 느끼게 하려고 하는 것은 아니다. 다만 생각 없이 내뱉는 입에 붙은 말일 뿐이다.

모든 아이들은 부모에게서 좋은 말을 듣고 싶어한다. 자신이 한 일에 대해 칭찬을 받기 위해 노력한다. 그러나 아직 미숙하고 상황판단이 잘 안 되는 어린 나이이기 때문에 의도와 달리 실수를 하거나 잘못을 저지르기도 하는 것이다.

초등학교 2학년인 아이, 오늘도 학교에 다녀온 후, 공부를 하기 위해 엄마와 마주 앉았다.

엄마: 어제 수학 문제집 푼 것 가져와 봐. 답 맞춰보자.

아이: 예. 그런데요, 헷갈리는 게 있었어요.

엄마: 뭐가 또 헷갈렸어? 복잡한 게 없을 텐데? 어디 한 번 보자.

문제집을 채점하던 엄마, 얼굴이 굳어지기 시작한다.

엄마: 아니, 도대체 어떻게 곱해야 너같은 답이 나올 수 있지? 엄마가 설명할 때는 어디 갔다 왔니? 잘 보라구. 이제 마지막 설명이야. 어휴 답답해. 그런데 너는 도대체 누굴 닮아 그러니?

이런 상황에서 엄마도 사람이기 때문에 자신의 아이가 다른 아이들보다 뒤쳐진다는 생각에 화가 나는 것은 당연하다. 그래서 자제심을 잃고 아이에게 화를 내게 된다. 물론 마음으로는 아이가 앞으로 잘하기를 바라는 마음이 간절하다. 하지만 아이는 엄마의 마음을 알아차리기 이전에 엄마가 자신에게 실망하고 있다는 것에 절망을 느끼게 된다.

이런 상황이 계속 이어지면 아이는 더욱더 절망하게 되고, 스스로에 대한 자신감을 상실하고 만다. 그리고 그렇게 커진 부모의 기대감은 부모 자신에게도 스트레스로 작용한다.

그러나 아이들도 똑같이 스트레스를 받고 있다는 사실을 알아야 한다. 예전에 비해 더욱 영악해진 아이들은 '지금 남들에게 뒤쳐지면 영영 뒤쳐진 인생을 살게 될지도 몰라.' 라는 두려움을 지니고 있다. 그렇기에 작은 실패에도 쉽게 좌절하고 쉽게 절망한다.

그러므로 이러한 아이들의 마음을 생각해 주는 것이야말로 부모들이 해야 할 의무이다.

아이들은 자신의 성공을 부모가 함께 기뻐하고 실패를 함께 아쉬워해 주는 것만으로도 충분히 자기 자신의 노력을 위해 힘쓰게 된다. 자신을 위해 마음을 써주는 부모를 위해서라도 최선을 다하려 한다. 최선을 다했음에도 만일 더 이상의 진전이 없다면 그것이 바로 우리 아이의 한계라고 생각해야 한다.

사람은 편안한 마음으로 노력했을 때에만 모든 가능성을 펼칠 수 있다는 점을 상기하고 따뜻한 마음으로 아이의 성장을 지켜보아야 한다. 그때 비로소 아이는 두각을 나타내기 시작할 것이다.

엄마: 어제 틀린 것을 또 틀렸구나. 왜 이런 답이 나왔는지 다시 한 번 생각해 보자.

"
싫으면 하지 마.
하지만 나중에 후회해도 소용없어.

　'나중에 아이가 커서 뭐가 되었으면 좋겠어요?' 라는 질문을 받은 부모들의 대답은 거의 비슷하다. '자기가 원하는 일을 할 수만 있다면 좋겠지요.'

　그러나 말은 그렇게 하면서도 실제로는 부모 자신이 원하는 방향으로 아이가 자라주기를 원하는 것이 인지상정이다. 그래서 아이가 원하든 원하지 않든 부모가 원하는 방향으로 이끌어 가려고 한다. 하지만 아이가 부모의 말을 들어주지 않을 때 부모들은 나중에 후회해도 소용없다는 말을 한다. 이 말은 아주 감정적인 말이다.

　아이에게 유익한 일을 부모가 시키는 것이라는 뜻을 담고 있기도 하지만 '두고 봐라' 하는 협박의 의미가 담긴 말이기도 하기 때문이다.

그렇기 때문에 아이들은 이런 부모의 말에 쉽게 상처받는다. 그리고 아이는 부모가 자신을 위하는 게 아니라 자신을 괴롭게 하는 존재라고 생각하게 되는 것이다.

아이가 피아노 학원에 자주 지각을 하더니 오늘은 그만 다니고 싶다는 말을 조심스럽게 꺼냈다.

엄마: 뭐? 학원에서 무슨 일 있었어? 혼났니?

아이: 아니요. 치기 싫어서요.

엄마: 피아노 선생님이 너 피아노 잘 친다고 칭찬하셨는데 왜 그래?

아이: 그냥….

엄마: 1년 밖에 안 다녔는데 지금 중단하면 금새 다 잊어버린단 말야. 아깝잖아. 그냥 다녀. 알았지?

아이: 싫은데….

엄마: 내후년에 중학교 들어가면 피아노학원 다니고 싶어도 다닐 시간이 없어. 그러니까 엄마 말 들어.

아이: 나 그냥 피아노 못 쳐도 되는데….

엄마: 이유도 없이 너 도대체 왜 그래? 요즘 피아노 못 치는 애들이 어디 있어? 그렇게 하기 싫으면 하지마. 하지만 나중에 후회해도 소용없어. 알겠어?

아이들은 한편으로는 빨리 어른이 되어 무엇이든지 자유롭게 해보고 싶다는 생각을 하면서도 다른 한편으로는 '과연 내가 나중에 훌륭한 어른이 될 수 있을까?' 하는 불안을 가지고 있다. 그러므로 아이에게는 늘 두 가지 심리가 공존하고 있다.

매일 자기 마음대로 놀고 싶다는 생각과 누군가 자신을 끊임없이 지도해 주고 돌봐 주기를 원하는 생각이 함께 한다. 엄한 것을 싫어하면서도 엄한 지도와 단련을 받기를 원하는 것이 아이들의 심리이다.

그럼에도 불구하고 아이가 가장 기대하는 대상인 부모에게서 이와 같은 말을 듣게 되면 아이는 기댈 상대를 잃어버림과 동시에 앞이 캄캄해진 듯한 기분을 느끼게 된다.

가장 믿고 사랑하는 상대에게 그런 협박을 당한다는 것은 큰 충격이 아닐 수 없다. 그렇다면 그런 것을 알면서도 부모는 왜 그런 말을 하게 되는 것일까?

그것은 아이에게 너무 큰 기대를 걸고 있기 때문이다. 아이에게 너무 높은 기대를 걸고 그것을 실현해주기를 바라는 것에서부터 비롯되는 성급함이다. 또한 자신의 아이가 가진 능력을 제대로 보지 못하고 주위의 다른 아이들과 비교해 아이에게 경쟁심을 강요하는 것에서 비롯되기도 한다.

그러므로 일단 사랑이 먼저라는 생각을 가져야 한다. 자신이 사랑 받고 있다고 느끼는 사람은 성공하게 된다는 사실을 잊지 말자. 사랑을 받고 있다고 느끼는 순간, 사람에게는 무한한 에너지가 나오게 된다. 자신을 사랑해주는 사람을 실망시키지 않기 위해 노력하기 때문이다.

엄마: 네가 그렇게 피아노 치기가 싫다면 당분간만 쉬어보자.
하지만 사람의 마음은 때때로 변하기 쉽거든. 그러니까 나중에
피아노가 다시 치고 싶다면 그때는 꼭 열심히 해야하는 거다. 알겠지?

입만 살았어, 입만...

  부모가 아이와의 말싸움에서 밀리는 입장에 처하였을 때 부모
들은 "입만 살았어 입만"이라는 말로 면박을 주곤 한다. 그리고 이
말을 끝으로 부모와 아이 사이의 대화는 끝이 나고 만다. 이 말을
들은 아이들은 더 이상 말을 이어나가지 못하게 된다. 그러므로
이 말을 들었을 때 아이가 느끼는 고통은 의외로 크다.

  아이가 어느 정도 자란 이후에는 문제가 더욱 커진다. 스스로
어느 정도 성장했다고 자부하는 아이의 자존심에 상처를 주기 때
문이다. "말은 그럴싸하게 잘하는 데, 네가 뭘 제대로 알기나 하고
그런 말을 하는 거야?"라는 말을 들은 아이는 큰 수치심을 느끼게
되어 부모에게 적대감을 느낄 수도 있다.

방학이라고 빈둥거리며 텔레비전만 보려고 하는 아이. 문제집으로 공부를 시키려 해도 자꾸 미루기만 한다. 화가 머리끝까지 난 엄마가 결국 소리를 지르고 말았다.

엄마: 야, 너 도대체 커서 뭐가 되려고 그러니? 그렇게 공부 안 하면 훌륭한 사람은커녕 쪽박차기 딱 알맞아!

아이: 신문 배달이나 물건 배달 같은 거 하면 되잖아요.

엄마: 뭐라고? 신문 배달이나 하라고 너를 공부시키고 학원 보내고 그러는 줄 알아?

아이: 직업에는 귀천이 없다면서요?

엄마: 참나 입만 살아가지구. 텔레비전 끄고 빨리 가서 공부 안 해? 엄마한테 혼나 볼래?

엄마는 아이의 장래를 위해 안타까운 마음으로 공부를 하라고 하지만, 결국 아이는 아이대로 불만을 해소하지 못하고 투덜거리며 공부를 하게 된다. 그러나 그렇게 시작한 공부가 잘 될 리 없다. 더욱이 이런 상황이 자주 이어지게 된다면 아이는 부모가 자신을 무시한다는 생각을 하게 되고, 더 나아가 부모가 자신을 사랑하는 지에 대해 의심을 갖게 된다.

엄마는 아이를 위해 공부를 시킨다고 생각하지만 아이는 하기 싫은 공부를 억지로 시키는 건 자신을 억압하려는 것이지 자신을 위한 것이 아니라고 생각한다. 그리고 나중에는 엄마에게 면박을 당하지 않기 위해서 엄마 앞에서는 말을 아끼게 된다. 이렇게 부모와 대화가 단절된 아이들은 자신에게 고민이 생기거나 해결해야 할 커다란 문제가 발생해도 부모에게 다가와 의논하지 않고 친구나 다른 사람을 찾게 된다.

그러므로 아이가 어느 정도 성장하여 자아에 대한 개념이 나타난 이후라면 '가르치는 대상'으로 아이를 바라보는 게 아니라 '의논하는 상대'가 되어주어야 한다. 아이의 말이 이치에 맞지 않는다 하더라도 아이 앞에서 가치판단을 내리는 판사의 모습을 보이는 것이 아니라 모자란 이치를 보태어주는 변호사 역할을 해야 한다는 뜻이다. 조금은 어설픈 이야기를 하더라도 그것을 공박하는 것이 아니라 논리에 힘을 주는 정보를 더해주는 사람이 되어야 한다. 어떻게든 대화의 끈을 놓지 않으려는 자세가 중요하다는 뜻이다.

엄마: 신문배달도 물론 중요한 직업이지. 이 세상의 어떤 직업도 중요하지 않은 직업은 없단다. 하지만 신문배달은 중학생도 할 수 있고 고등학생도 할 수 있지 않니? 누구나 몸만 건강하면 할 수 있다는 뜻이야. 하지만 신문배달을 하겠다고 빈둥빈둥 놀다가 만약 나중에 어른이 되어서 선생님이 되고 싶거나 과학자가 되고 싶으면 그때는 어떻게 하지?
아이: 그럼 그때 공부를 하면 되잖아요.
엄마: 다 큰 어른이 되어서 초등학교 배웠던 것부터 중학교, 고등학교, 대학교에서 배우는 걸 다시 공부하려면 너무 오래 걸리지 않을까? 그러니까 지금부터 조금씩 해두면 좋지 않겠니?

엄마가 틀린 말을 하겠어?

아이들은 부모가 미처 생각지도 않은 일을 하겠다고 하는 경우가 있다. 더욱이 그런 일들은 부모가 생각하기에 위험하고 불안한 일인 경우가 많다. 그럴 경우 아무리 부모가 아이를 설득하려고 해도 아이가 말을 듣지 않고 고집을 피우게 되면 부모는 결국 화가 치밀어 오르고 목소리를 높이게 되고, 결국엔 아이가 더 이상 반론을 펼 수 없도록 "엄마가 틀린 말을 하겠어? 무조건 엄마가 시키는 대로만 하면 돼."라는 말로 대화를 마치게 된다.

엄마의 이 말은 표면적으로는 '엄마나 아빠가 너보다는 인생을 오래 살았으니 더 정확한 판단을 내릴 수 있다. 그러니 안심하고 나에게 모든 것을 맡겨라.' 라는 뜻을 지니고 있다. 하지만 이 말을 듣는 아이들은 부모로부터 억압당하고 있다는 느낌을 갖게 되는 것이다.

저녁 식사 후 간단히 운동을 하고 오겠다며 롤러 블레이드를 타고 나간 아이가 밤 10시가 넘어 들어왔다. 엄마 아빠는 잔뜩 걱정을 하고 있는데 아이는 밝은 얼굴로 들어오는 것이다.

아이: 오늘 너무 재미있었어요. 중학생 형들을 만났는데 블레이드 뒤로 가는 기술을 가르쳐줬어요.

엄마: 재미도 좋지만 엄마 아빠가 얼마나 걱정했는지 알아? 내일부터는 낮에 타. 알겠지?

아이: 안돼요. 형들하고 내일도 같이 타기로 했어요. 그 형들이 내일도 기술을 가르쳐 준 댔어요.

엄마: 어떤 아이들인 줄 알고 어울려? 밤에는 공부도 해야지. 매일 롤러 블레이드만 타러 다닐 거야?

아이: 정말, 좋은 형들이란 말이에요. 허락해 주세요.

엄마: 밤에는 위험해서 안 돼! 엄마가 하라는 대로 해! 엄마가 틀린 말을 하겠니?

아이들에게는 묘한 심리가 있다. 부모에게 의지하려는 심리와 부모로부터 독립해 모험적인 행동을 하고 싶은 심리가 공존하는 것이다. 아이들이 자라면서 위험해 보이거나 엉뚱한 일을 하겠다고 선언하는 것도 그런 심리에서 기인한다. 하지만 부모들은 어떤 경우에라도 가장 안전한 길로 아이가 가기를 희망하기 때문에 갈등이 빚어지곤 한다.

그렇기에 부모는 자신들이 조금이라도 불안하게 여길 만한 일을 아이가 하려고 하면 무조건 반대를 하고 나서는 경우가 많다.

아이에 대한 걱정이 심해지면 아이의 생활을 일일이 간섭하고 통제하는 일까지 벌어진다. 아이가 조금이라도 학교에서 늦게 돌아오면 오다가 무슨 일을 당한 게 아닐까, 취미 생활을 하겠다고 하면 그 때문에 시간을 빼앗겨 성적이 떨어지지는 않을까, 친구들과 조금만 먼 곳으로 놀러간다고 하면 혹시 사고나 당하지 않을까 전전긍긍하며 아이의 의견을 용납하지 않고 자유로운 행동을 통제하는 것이다.

그러나 누구든지 어느 정도의 모험을 경험하지 않고서는 진정한 성장을 이뤄낼 수 없다는 것을 깨달아야 한다.

게다가 사사건건 아이를 통제하다 보면 아이는 자신만의 자유로운 환경을 누릴 수 없게 되고, 부모에게 반발심을 가지게 되는 것은 어쩌면 당연한 결과일지 모른다.

그러므로 아이의 장래를 생각한다면 눈에 보이는 확실한 문제에 대해서는 목소리를 높여 끝까지 설득에 매달려도 상관없겠지만 그 이외의 것에 있어서는 좀더 유연하게 대처를 할 필요가 있다. 또한 아이를 설득할 때에는 무조건 엄마가 옳다라는 것보다는 엄마의 의견에 따라야 하는 확실한 이유를 설명해 주어야만 한다. 아이를 윽박질러서는 앞으로의 교육에 있어 많은 어려움을 겪게 될 것이기 때문이다.

엄마: 네 기분은 알겠지만 엄마와 아빠는 걱정이 되는구나. 어린이가 밤늦게까지 롤러 블레이드를 타고 돌아다니는 건 위험한 일이야.

아이: 하지만 롤러 블레이드를 타는 일이 나쁜 일은 아니잖아요?

엄마: 그리고 무엇보다도 어린이가 밤늦게까지 밖에서 논다는 건 위험하단다. 그러니까 그 형들하고 타고 싶으면 약속시간을 낮으로 바꿔보면 어떨까?

**" 왜 너는 늘 맞기만 하니?
너도 같이 때려!**

    아이가 아무리 귀하다고 하더라도 아이를 언제나 품 안에 두고 지낼 수만은 없다. 아이가 자라면서 아이는 스스로 사회에 나아가 다른 사람들과의 관계를 만들어가며 독립적으로 살아가는 기술을 터득해야만 하기 때문이다.

    그러나 문제는 세상이 그렇게 간단하지 않다는 것에 있다. 세상은 아름답고 항상 옳은 것이 아니다. 세상은 추악하기도 하고 또 옳지 않은 것들도 많다. 특히 부모를 가슴 아프게 만드는 일은 폭력이다.

천성이 순하게 태어난 철이는 두 살 무렵부터 밖에만 나가면 울고 들어오기 일쑤였다. 조금이라도 호전적인 아이를 만나면 맞서지 못하고 피하거나 겁에 질리기 일쑤였다. 그런 상황은 유치원을 지나 초등학교에 입학한 후에도 계속 이어졌으며 점점 더 심해졌다. 오늘도 철이는 입술이 터져 피를 흘리며 집으로 들어왔다.

엄마: 너 또 무슨 일 있었어? 이 피는 뭐야?

철이는 말도 하지 않고 울기만 한다.

엄마: 누구야? 왜 그랬어? 말을 해봐!

철이 : 민수가 때렸어!

엄마: 넌 어떻게 맨날 맞기만 하니? 바보처럼!

철이: 싸우는 건 나쁜 일이잖아!   .

엄마: 그렇다고 매일 맞기만 해? 너도 같이 때리란 말야!

대부분의 부모들은 남에게 피해를 입히지 않고 남을 먼저 배려하는 마음을 아이에게 교육시키려고 노력한다. 그리고 아이가 그렇게 착하게 자라주는 모습을 보면서 대견스럽다고 생각하며 자랑스럽다고 느끼기도 한다. 그러나 그렇게 착한 아이가 다른 아이들에게 매를 맞고 돌아오는 모습을 보면 '내가 이제까지 아이를 잘못 가르쳐왔나?' 하는 생각과 함께 '남에게 피해를 끼치지 말거라' 라고 가르치던 모습에서 돌변하여 "너도 때려!"라고 강하게 말하게 된다.

다른 아이에게 맞고 돌아온 아이를 보며 가슴이 무너지고 화가 끓어오르지 않는 부모는 없기 때문이다.

그렇다고 맞고 돌아온 아이에게 "그래, 잘했다"라고 말하기도 힘들다. 아이의 그런 행동이 비겁한 모습이거나 나약한 모습이 될까 두려운 마음도 있기 때문이다.

게다가 맞고 온 아이에게 "왜 맞기만 했니"라고 다그치는 것은 피해자에게 오히려 사건의 책임을 추궁하는 꼴이 되고 만다. "너도 때려라"하는 말도 폭력을 조장하는 것일 뿐 아무런 해결의 실마리도 제공하지 못한다.

그러므로 아이를 혼내거나 다그칠 것이 아니라 일단 아픈 아이의 마음을 다독거리는 게 우선이다. 아이를 다독거려 안정을 시킨 후에 사건의 전체를 파악해야 한다. 그렇다고 엄마가 사건에 직접 개입하는 것도 좋은 방법이 아니다. 분쟁이 일어났을 때 아이들 스스로 해결하도록 하는 능력을 길러주는 게 바람직하기 때문이다. 물론 상습적으로 폭력을 휘두르는 아이들도 있다. 그런 아이들과 함께 생활을 할 경우라면 법의 도움을 받아 처리를 해야 하지만 그런 경우가 아니라면 부모가 나서는 일은 삼가는 게 좋다.

가장 중요한 것은 폭력을 당하거나 했을 때, 아이가 그것을 숨기지 않고 부모에게 이야기할 수 있는 분위기를 만들어야 한다는 것이다. 맞고 들어온 아이를 다그치게 된다면 아이는 앞으로 부모에게 그런 일에 대해 이야기하지 않게 되고, 더욱 폭력적인 아이들을 만나게 되어 고통을 당하더라도 혼자 속으로만 끙끙 앓게 될

것이기 때문이다. 그런 문제를 부모와 상의하지 않을 경우 더욱
큰 문제가 발생하게 된다는 점을 잊어서는 안 된다.

엄마: 너 또 무슨 일 있었어?

철이: 민수가 때렸어!

엄마는 철이를 꼭 안아주면서 말한다.

엄마: 철이가 많이 아팠겠구나. 이제 됐어. 엄마가 있잖아. (아이가 좀 안
정이 되면) 이제 왜 그렇게 되었는지 엄마에게 말해주겠니? (아이가 상황
설명을 하면 조용히 고개를 끄덕이며 충분히 들어준 후) 엄마에게 이야기
해주어서 고맙다. 앞으로는 어떻게 해야 좋을지 우리 함께 상의해보자.

" 웬일이니! 별일이 다 있네

어느 부모나 자기 자식이 잘 되기를 바라고 훌륭한 사람으로 성장하기를 바란다. 그러므로 아이가 말썽꾸러기이거나 원하는 방향으로 자라주지 않을 때 부모가 속상해 하는 것은 당연한 일이다.

부모는 자식을 올바른 방향으로 이끌어야 한다는 생각에 아이들이 조금이라도 잘못 행동하거나 기대에 미치지 않는 행동을 하면 가차없이 꾸짖고 혼을 낸다. 물론 자기 자식을 올바르게 키워야겠다는 생각을 바탕으로 하는 훈계나 꾸지람일 것이다.

하지만 아이가 하는 행동마다 문제를 일으켜서 혼나기 시작하면 부모가 아이를 꾸중하는 것도 습관이 되고 만다. 올바르게 키우겠다는 애초의 목적은 사라지고 습관적으로 아이를 혼내게 된다는 뜻이다.

그러다가 어느 날 아이가 평소에 하지 않던 행동, 칭찬 받을 만한 행동을 하면 부모는 아무런 생각도 없이 이렇게 말하게 된다.
"별일이 다 있네."

　　퇴근하여 집에 도착하니 아이가 텔레비전을 보고 있다. 그 모습을 보고 화가 난 엄마,

엄마: 누가 마음대로 텔레비전을 보라고 했어?

아이: 자기 할 일 다 하면 봐도 된다고 하셨잖아요.

엄마: 그랬지. 그럼 네가 할 일은 다 한 거야?

아이: 예.

엄마: 숙제 다 했어? 수학 문제집은 풀어놨고?

아이: 예. 학교 갔다 오자마자 다 했다니까요.

엄마: 진짜? 웬일이니…. 별일이 다 있네.

　　인간에게는 묘한 심리가 있다. 어떤 사람에 대해 '저 사람은 나쁜 사람이야.'라는 생각을 갖게 되면 그 사람이 의외로 좋은 행동을 하더라도 인정하지 않으려 한다. 그것이 자신의 아이라고 해도 마찬가지이다. 왜 그런 것일까? 처음에 내린 자신의 판단이 잘못된 판단이었다는 사실을 인정하기 싫다는 감정일수도 있을 것이다.

　　그렇다면 그 상대가 자신의 아이일 경우에는 왜 그럴까? 지금까지 혼내기만 하던 아이를 갑자기 칭찬하기가 어색해서 일 것이다.

이 때문에 좋은 행동을 보여도 칭찬해 주기보다는 슬쩍 그 순간을 넘기려고만 하게 된다.

하지만 아이는 당연히 칭찬 받을 일을 했고, 또한 자신도 칭찬 받을 만한 일이라는 것을 아는 상황에서 부모가 슬쩍 넘기려고만 한다면 아이는 점차 의욕을 상실하게 된다.

아이들은 부모의 칭찬을 먹고산다. 그런데 칭찬에 인색하다면 아이는 당연히 영양실조에 걸리게 된다.

설령 '우리 아이는 그렇게 말을 해도 별로 상처를 받지 않던 데?' 라고 생각되더라도 그런 말은 사용하지 않는 것이 좋다. 아이에 대한 낮은 평가와 부모의 하찮은 외면이 아이의 운명을 좌우할 수도 있기 때문이다. 아이가 '우리 엄마와 아빠는 나에게 별로 기대를 하지 않아.' 라고 생각하게 되면 아이는 절망감을 느끼게 된다. 모든 일에 의욕을 잃게 된다는 뜻이다.

부모는 아이가 칭찬 받으려고 한 행동을 외면하면 안 된다. 좋은 것을 좋다고 인정하고 잘한 것은 잘했다고 칭찬해 주어야 한다. 이러한 과정을 통해 비로소 아이는 부모의 애정이 자신을 향하고 있음을 느끼게 되고 모든 일에 자신감을 갖게 되기 때문이다.

엄마: 엄마와 아빠는 지금까지 네가 자신의 일은 스스로 할 줄 아는 아이라는 것을 몰랐구나. 정말 기쁘고, 네가 자랑스럽다.

" 아직도 모르겠어?

　아이들에게 무엇인가를 가르쳐줄 때 자연스럽게 나오는 말이 바로 이런 말이다. 한번 가르쳐 주었다고 해서 가르쳐 준대로 척척 해내는 아이는 별로 없기 때문이다.

　무슨 일이든 부모가 기대하는 만큼 척척 해낼 수 있게 된 아이일 경우, 그 아이는 이미 여러 번 그에 대해 지도 받고 스스로 연습해 단련되었다는 것을 잊어서는 안 된다.

　하지만 대부분의 부모들은 한두 번 알려준 후 아이가 제대로 해내지 못하면 "아직도 모르겠어?"라는 말을 쉽사리 내뱉곤 한다.

　하지만 이 말의 의미와 이 말이 아이의 성장에 미칠 영향에 대해서는 잘 생각해 보아야 한다. 이 말은 '나는 너에게 가르쳐 줄만큼 다 가르쳐 주었다. 그런데 아직까지도 그걸 못해내겠니?'라는 비난과 책망이 담긴 말이기 때문이다.

가장 신뢰하는 부모로부터 비난과 책망의 의미가 담긴 말을 어린 시절부터 수시로 들으며 자란 아이가 자신감 있는 사람으로 자라나기란 쉬운 일이 아니다.

풀린 운동화 끈을 묶어 달라고 신발을 내미는 아이에게 엄마는 매듭지어 묶는 방법을 시범으로 보여주었다.

엄마: 자, 이제 네가 해봐.

아이: 끈을 이렇게 잡고…. 안되네.

엄마: 그걸 왜 못하니? 엄마가 하는 거 다시 봐. 이렇게 양손에 한 줄씩 잡고 골을 만들어 서로 묶으면 매듭이 지어진다니까. 이것 봐, 쉽게 되잖아.

아이: 난 안되잖아. 못하겠어요. 그냥 엄마가 해주지.

엄마: 언제까지 엄마가 다 해줘. 자 다시 설명해 줄 테니 잘 봐.

다시 천천히 운동화 끈을 묶는 시범을 보여주는 엄마. 아이에게 다시 해보라고 끈을 넘겨준다.

아이: 이렇게 하는 건가?

엄마: 아니지. 그렇게 하면 풀리잖아. 아직도 모르겠어?

아이는 운동화 끈을 묶는 방법을 아직도 모른다. 하지만 엄마가 자신에 대해 비난이나 책망을 하고 있다는 것은 제대로 느낀다. 이 때문에 아이는 '나는 어쩔 수 없이 머리가 나쁜 아이인가보다' 라는 생각을 갖고 반쯤 포기한 듯한 기분이 되어버린다. 이렇게 작은 일에 자신감을 잃게 되면 다른 일에 있어서도 마찬가지가 될 수밖에 없다. 이럴 때 부모는 아이를 탓할 게 아니라 부모 스스로가 반성을 해야 한다.

세 번을 가르쳐줘도 아이가 해내지 못한다면, 아이를 비난하거나 책망할 일이 아니라 다른 지도법을 선택해야 한다. 부모 자신의 문제점은 파악하지 않고 아이에게만 비난의 화살을 보낸다면 큰 문제가 아닐 수 없다.

물론 아이가 정신을 똑바로 차리고 집중하라는 의미로 하는 말이겠지만 의도와는 달리 그 말이 아이의 의욕을 빼앗고 절망감에 빠져들게 한다면 부모가 바뀌는 수밖에 없다.

특히, 이 정도는 해낼 수 있으리라 생각했는데 아이가 해내지 못한다면, 그것은 못하는 것이 아니라 아이가 하려는 의지가 없기 때문이라고 부모 스스로 결론을 내리는 것은 위험한 일이다.

사람에게는 의외의 재능이 숨어 있기도 하지만 그 반면에 의외로 무능력한 면도 적지 않게 존재하고 있기 때문이다.

결론적으로 모든 것의 책임을 아이에게 지워버리고 아이를 탓하려고 해서는 안 된다. 교육 방법이나 지도법의 무지로 인해 아이를 망쳐서는 안 될 일이다.

엄마: 잘 안되니까 너도 고민되지? 사실 엄마도 너만했을 때는 쉽지 않았단다. 우리 다시 한번 해볼까?

딴 소리 하지말고 엄마 말 들어!

부모가 아이에게 키워주고 싶은 것은 여러 가지이다. 창의력, 인내력, 용기, 자신감, 겸손, 신중함, 예의…. 그 중에서 가장 우선 순위로 꼽히는 것은 적극성이다. 무슨 일에든, 어떤 상황에서도 적극적으로 자신을 표현하고 의견을 개진하고 일을 해결해 가는 적극적인 삶을 살기를 원하기 때문이다.

하지만 실제 생활에서는 그 반대의 모습을 보이는 모순에 빠지기도 한다. 적극적인 아이에 대해 생각하면서도 실제 아이와의 생활에서는 아이가 스스로 판단하여 적극적이고 활달하게 행동하는 것을 제지하는 말을 할 때가 많다.

　　학교에서 돌아온 아이의 옷을 보니 엉망이다. 미술시간에 그림물감을 여기 저기 묻힌 모양이다.

엄마: 옷이 그게 뭐야? 미술시간에 그림 안 그리고 장난만 쳤니?

아이: 어, 이게 언제 묻었지?

엄마: 그러게 조심하면서 해야지.

아이: 앞으로 조심할게요. 그런데 친구랑 만나서 축구하기로 했는데, 안 돼요?

엄마: 뭐? 공부 안하고 놀 궁리는 원…. 그럼 축구 한 시간만 하고 와서 바로 공부하자. 알았지?

아이: 네.

운동복으로 갈아입고 나가려는 아이를 엄마는 또 불러 세운다.

엄마: 어제 입던 옷은 어쩌고 또 새로 꺼내 입었니?

아이: 그 옷은 좀 얇은 거 같아서요.

엄마: 그거나 그거나 똑같구먼. 어제 입었던 거 그냥 입고 나가라니까.

아이: 그냥 이거 입고 나갈래요.

엄마: 운동하고 오면 옷이 또 엉망이 될 거 아냐.

아이: 축구할 때는 이 옷이 편해요.

엄마: 글쎄, 딴 소리 하지말고 엄마 말 들어!

　　아이가 자신의 옷을 단정하고 깨끗하게 입도록 주의를 주는 것은 부모가 당연히 가르쳐야 하는 것 중의 하나이다. 하지만 앞의 경우에서는 부모가 아이에게 옷을 깨끗이 입어야 한다는 것을 지도하려는 과정에서 몇 가지 중요한 것들을 놓치고 있다.

첫째, 아이가 미술 시간에 어떤 작업을 했는지 묻지 않은 채 옷을 더럽힌 것에 대해서만 책망한 점이다. 아이가 미술 시간에 그림을 그리거나 공예품을 만드는 등 그 작업에 몰두하다보면 옷이 더럽혀지는 것에 대해서는 의식을 못한다. 그리고 그러한 모습은 그만큼 적극적으로 작업에 임했다는 뜻이기도 하다. 옷이 더럽혀질까 두려워 작업에 소극적으로 임하는 아이보다는 적극적으로 임하는 아이가 훨씬 긍정적임을 잊어서는 안 된다.

어떤 아이든 자신의 옷이 더럽혀지는 것을 좋아하는 아이는 없다. 그럼에도 부모가 아이에게 미술이나 어떤 작업을 할 때 옷이 더럽혀지지 않도록 조심하라는 주의를 자주 주게 된다면 아이는 옷에 신경을 쓰다가 집중해야 할 작업을 소홀히 할 수 있다는 점을 기억하자. 더 나아가서는 옷에 신경 쓰느라 소극적인 성격이 될 수 있음도 잊어서는 안 될 것이다.

둘째, 옷을 갈아입는 일에 대해서 엄마의 의견을 무조건 따르라는 식으로 아이에게 압력을 준 점이다. 부모들은 아이가 아기일 때부터 이것저것 알아서 챙겨줬기 때문에 늘 부모의 판단대로 아이가 따라주기를 바란다.

하지만 아이가 자신의 옷을 스스로 선택해 입을 정도로 자랐다면 아이의 의견을 존중해 주어야 한다. 아이는 부모의 부속품이 아니며 부모가 사사건건 이래라 저래라 하는 것이 아이에게 긍정적으로 작용하지도 않기 때문이다. 어떤 일에서든지 스스로 판단하여 적극적으로 행동할 줄 아는 아이로 자라길 원한다면 아직 어설퍼 보이더라도 스스로 판단하고 행동하는 법을 연습하도록 부모가 적극 도와주어야 할 것이다.

물론 너무 계절에 안 맞는 옷이라든지 상황에 맞지 않는 옷을 입겠다고 우기는 것을 무조건 다 들어줄 필요는 없다. 하지만 아이의 의견과 판단을 존중해 줄 때 아이는 자신을 표현하는 방법을 알아갈 것이며 당당하고 적극적인 아이로 성장할 것이다.

셋째, 누가 옳은 지에 대해 가리기 애매한 상황에서 부모가 무조건 아이가 잘못을 저지르고 있다고 밀어붙이고 있는 점이다. 이때 아이들은 옷을 잘못 입었다고 생각하기보다는 엄마의 말을 안 듣는 것에 대해 엄마가 화를 내고 있다고 생각한다.

아이는 '괜히 화를 내고 있어' 라고 속으로 생각하기 쉽다. 어떤 점이 잘못되었다고 콕 집어 말하지 않고 뭉뚱그려 '딴 소리 하지 말고 엄마 말 들어!' 라고 다그치는 말은 교육적으로 전혀 도움이 안 된다.

엄마: 옷에 물감 묻었네?
아이: 어, 이게 언제 묻었지?
엄마: 미술시간에 아주 재미있는 걸 한 모양이구나? 그러니 옷에 뭐가 묻는 것도 몰랐지.
아이: 진짜 재미있었어요. 참! 엄마, 친구들하고 축구하기로 약속했어요.

운동복을 갈아입고 나온 아이.

엄마: 어제 입던 옷은 어쩌고 또 새로 꺼내 입었니?

아이: 축구할 때는 이 옷이 편해.

엄마: 축구하고 오면 옷이 더러워질텐데⋯⋯ 어제 입었던 옷 그냥 입으면 어떨까? 대신 그 츄리닝은 내일입자.

**" 너는 정신을 어디다 두고 사냐?
정신 좀 똑바로 차려**

아이들은 실수를 참 잘한다. 아니, 하는 일마다 실수투성이라고 해도 과언이 아니다. 어쩌다 제대로 해내는 일이 있을 뿐이다. 어릴수록 더하고 자라면서 조금씩 나아지는 모습을 보여준다. 대부분의 아이들이 그렇다.

하지만 부모들은 다른 아이들의 성장과정은 그 모습 그대로 이해하면서 자신의 아이에 대해서는 다른 잣대를 들이댄다. 조금의 실수도 용납하지 않으려고 들고, 오히려 또래 다른 아이들보다 치밀하고 다방면에서 뛰어난 모습을 보여주기를 기대한다.

아이가 학교에서 중간평가 시험을 봤다. 아이는 92점 맞은 수학시험지를 자랑스럽게 엄마에게 내밀었다.

아이: 역시 난 천재야. 딱 2개 틀렸어.

엄마: 어떤 문제를 틀렸나 좀 보자.

시험지를 살펴보던 엄마가 얼굴을 찡그린다.

엄마: 야, 이렇게 쉬운 걸 또 틀려 놓고 뭘 잘했다고 그래?

아이: 왜요? 92점이면 잘한 거지.

엄마: 누가 못했대? 이 문제 다시 풀어봐. 네가 할 수 있는 거잖아.

아이: 앗, 그렇군. 쉬운 문제였네. 앗, 나의 실수!

그렇게 말하면서도 실실 웃는 아이를 보고 있자니 엄마는 열이 더 오른다.

엄마: 넌 뭐가 좋아서 그렇게 웃는 거야? 대충대충 보고 문제를 푸니까 그렇지. 문제를 잘 읽어보라고 말했잖아? 그러니까 100점을 못 받는 거야.

아이: 92점도 잘한 거잖아.

엄마: 누가 못했대? 100점을 못 맞으니까 그렇지. 어떻게 하면 그렇게 시험 볼 때마다 한두 개씩은 꼭꼭 틀릴 수가 있니? 어우, 속 터져!

아이: 그래도 잘 한 거는 칭찬을 해줘야지. 엄마는 화만 내.

엄마: 뭐라고? 너는 정신을 어디다 두고 시험을 보는 거냐? 제발 정신 좀 똑바로 차려!

정신 좀 똑바로 차리라고 아무리 주의를 줘도 아이는 실수를 자주 한다. 왜냐하면 아직 미숙하기 때문이다. 또래 아이들보다 더 미숙한 경우도 있다. 하지만 부모가 아이의 미숙함을 감안하지 않고 계속 꾸중하고 다그친다면 아이에게는 그것이 열등감을 갖게 만드는 계기가 될 수 있다. 심한 열등감은 아이를 더욱 실수투성이로 만들뿐이다.

실수를 많이 하는 아이에게 가장 중요한 것은 마음의 안정과 그일을 천천해 해낼 수 있는 여유로운 시간이다. 당신은 아이의 실수를 비난해서는 안 된다. 비난하기보다는 함께 안타까워 해주는 것이 좋다.

그리고 다음에는 잘 할 수 있도록 용기를 북돋아 주며 다시 한번 같은 일을 시켜보도록 한다. 그러면 아이는 함께 할 사람이 있다는 생각에 마음의 안정을 되찾고 어디에서 어떻게 잘못된 것인지 그 원인을 찾아내 반성할 수 있을 것이다.

또한 자신을 인정하고 도움을 주려는 부모를 실망시키지 않기 위해 노력하게 될 것이다. 스스로 실수하지 않으려는 마음이 생기고 그런 마음이 곧 자기 훈련으로 이어질 때 더욱 총명한 아이가 될 수 있을 것이다.

보통 때 자주 덤벙대고 실수를 저지르는 아이에게 일을 맡길 경우에는 필요에 따라 "이건 깨지기 쉬우니 조심해라.", "이건 중요한 것이니 잃어버리지 않도록 주의해라." 등의 가벼운 주의를 주도록 한다. 일을 마치기 전에 아이가 실수를 저지른다고 하더라도 크게 소리치면서 꾸중을 하는 일은 멈추자. 아이 스스로도 자신이 실수하는 것을 싫어하고 부끄러워할 것이다.

실수를 하지 않는 아이로 자라기를 바란다면 부모는 먼저 아이가 덜 긴장할 수 있도록 충분한 시간적 여유와 가벼운 주의, 따스한 격려 등을 해주어야 한다. 인내를 갖고 따스한 시선으로 아이를 지켜봐 주는 것이 최선의 방법이다.

아이: 역시 난 천재야. 딱 2개 틀렸어.

엄마: 정말? 잘했구나. 틀린 문제는 어떤 거였니? 어려워서 풀기 힘든 문제였어?

시험지의 틀린 문제를 살펴보던 아이가 아쉬운 표정이 된다.

아이: 아는 건데 틀렸네!

엄마: 왜 아는 걸 틀렸을까?

아이: 대충 봐서 그런가봐요.

엄마: 다음부터 그런 실수는 하지 말자. 알았지?

꼴값 떠네

요즘 아이들에게는 사춘기 오는 시기가 더 빨라졌다. 이른 아이들은 초등학교 3, 4학년 정도에도 사춘기가 온다. 사춘기가 오면 이성에 대해 관심이 높아지고 간혹 빠른 아이들은 성적인 충동까지 느끼기도 한다.

초등학교 3, 4학년짜리가 성적인 문제에 대해 질문을 한다든지 이성문제로 고민을 하게 되면 그처럼 당황스러운 일은 없을 것이다.

초등학교 4학년인 아들이 최근에 같은 반 여자아이를 좋아한다고 하더니 어느 날 고백을 하고 정식으로 사귀기로 했다고 한다. 저녁 식사를 하면서 아빠가 흐뭇한 얼굴로 아들에게 물었다.

아빠: 요즘 여자 친구랑 잘 지내고 있니?

아들: 네.

아빠: 처음에 네가 좋아한다고 직접 말했어?

아들: 아뇨. 친구들이 얘기해 줬어요. 그런데 자꾸 물어보지 마세요.

아빠: 왜? 싫어? 아빠가 우리 아들 여자 친구에 대해 물어보는 게 어때서?

아들: 얘기하기 싫다니까요….

아빠: 왜 사이가 나빠졌니? 니들 싸웠니?

아들: 아니요.

아빠: 그런데 왜 물어보는 게 싫어? 아빠한테 말해주는 게 싫은 거야?

아들: 그냥 얘기하고 싶지 않아요.

평소에 아들과 이야기를 자주 나누던 아빠는 약간의 배신감으로 표정이 굳어지고 있다.

아빠: 아빠한테 얘기하기 싫은 이유를 말해봐.

아들: 제 사생활이잖아요.

아빠: 뭐? 사생활? 너 사생활의 뜻이 뭔지 알기나 하고 하는 말이냐?

아들: 알아요. 프라이버시잖아요.

아빠: 참나, 꼴값 떠네.

　아버지와 아들과의 대화는 여기에서 끝나고 만다. 왜냐하면 아이는 더 이상 말할 생각이 없기 때문에 입을 닫아버리고, 아버지는 가장 가깝게 생각해야 할 부모에게 숨기고 싶은 일이 생겼다는 아들에 대한 배신감으로 화가 났기 때문이다.

　하지만 이런 경우, 아이에게 아무리 배신감이 느껴지고 화가 나더라도 그 자리에서 화를 내면 안 된다. 부모가 화를 내면 아이는 그 순간 마음을 더욱 굳게 닫아버릴 것이기 때문이다.

아이의 마음을 다시 열고 싶다면 햇볕정책을 써야 한다. 어린 아이라면 부모가 꾸중을 하거나 살살 달래서라도 마음을 열게 할 수 있지만 이미 사춘기에 접어든 아이라면 그런 방법으로는 닫힌 마음의 문을 더욱 걸어 잠글 것이기 때문이다.

먼저, 모든 사람에게 숨기고 싶은 감정이 생긴 것에 대해 아이가 성장했음을 인정해 주어야 한다. 그리고 이성 친구를 사귀는 것이 부끄러운 일이나 감춰야할 일이 아님을 얘기해 주어야 한다. 이렇게 이성 친구와의 일을 숨기려고 한다면 분명 아이는 학교에서 다른 아이들로부터 놀림을 당했을 가능성이 높다.

이럴 경우 부모가 해야 할 일은 말을 하지 않는다고 화를 내고 다그치는 것이 아니라 아이에게 이성친구가 생겼다는 사실을 기뻐하고 있음을 알려주어야 한다. 그리고 아이가 스스로 속마음을 이야기할 때까지 기다려 주어야 한다. 그렇게 할 때 아이는 건강한 이성관을 갖게 될 것이며 자라서도 건전한 이성 관계를 유지할 수 있을 것이다.

아빠: 요즘 여자 친구랑 잘 지내고 있니?

아들: 네. 자꾸 물어보지 마세요.

아빠: 그래, 그렇다면 묻지 않으마. 하지만 아빠는 우리 아들한테 여자 친구가 생겼다고 하니 참 기쁘고 대견한걸.

" 쓸데없는 것 좀 물어보지마

유난히 질문이 많은 아이들이 있다. 질문이 많다는 것은 호기심이 많아서 그런 것이고 그만큼 생각을 하기 때문으로 볼 수 있다. 그러므로 여러 가지에 관심을 보이고 질문이 많다면 그 아이는 칭찬 받아 마땅하다. 총명한 아이로 자랄 가능성이 높기 때문이다.

부모들도 그것을 알고 있기에 아이가 호기심이 많고 여러 가지 알고 싶어하는 것들을 물어오면 기쁜 마음으로 답을 해준다.

하지만 아이의 질문이 집요하게 계속되면 부모들도 일일이 설명해 주는 것이 귀찮게 느껴진다. 그런데도 아이가 그치지 않고 질문을 계속하게 되면 부모는 드디어 짜증이 나기 시작한다. 게다가 질문하는 것이 불필요한 것이거나 말이 안 되는 내용이라면 더욱 참기 힘들다.

심심해진 아이가 엄마 꽁무니를 졸졸 따라다니기 시작했다.

아이: 엄마, 나를 다리밑에서 주워 왔다는 게 사실이에요?

엄마: 누가 그랬니?

아이: 저번에 삼촌이. 그런데 내가 주워 온 애라는 게 확실해요?

엄마: 주워 오긴. 그건 삼촌이 너 놀려줄려고 그런 거지.

아이: 아니, 삼촌이 그렇게 말하는 걸 보면 뭔가 비밀이 있는 것 같은데….

엄마: 아니라니까.

아이: 내가 혹시 고아였어요?

엄마: 엄마가 아니라면 아닌 거지, 너 진짜 엄마 말 못 믿어?

아이: 뭔가 비밀이 있는 것 같은데…. 형도 다리밑에서 주워왔어요?

엄마: 그렇게 궁금한 게 없니? 쓸데없는 것 좀 물어보지마.

　부모가 생각하는 좋은 질문과 아이가 진짜 궁금해하는 것에 대해서는 차이가 많다. 앞의 대화에서 부모는 아이가 너무나 당연한 것을 쓸데없이 물어본다고 생각하기 쉽다. 그리고 그 질문에 대해 진지하게 아이가 이해할 수 있도록 답해 줄 필요성조차 느끼지 못한다. 하지만 그것은 순전히 어른인 엄마의 입장에서만 생각해서 그런 것이다.

　자신이 부모의 몸에서 태어난 자식이 아니라는 사실은 아이에게 상당히 충격적인 것이다. 또한 그것의 사실 여부는 아이에게는 굉장히 중요한 사항이다. 그렇기 때문에 아이는 상당히 심각하다. 고아였을 수도 있다는 생각을 하면서 자신의 정체성에 대해서도 확신을 갖지 못하고 고민에 빠질 수가 있다.

아이는 아직 상황판단력이 미숙하기 때문에 단순히 자신이 고아일 거라는 생각에 사로잡힐 수가 있고, 자신을 불행한 사람이라고 단정지을 수도 있다. 상상력이 풍부한 아이라면 동화 속의 고아 주인공과 자신을 동일시해 동화주인공처럼 행동하는 모습을 보이기도 한다.

자신은 이렇게 고민스럽고 심각한데 부모가 쓸데없는 것 좀 물어보지 말라며 면박을 준다면 아이는 더욱더 참담함에 사로잡힐 것이며 부모에 대한 신뢰도 무너지고 말 것이다.

부모는 언제나 질문하는 아이의 입장에서 궁금해하는 내용을 생각해볼 필요가 있다.

'저 아이가 왜 이런 걸 궁금해할까?'

아이의 입장에서 생각해 본다면 어떤 대답을 해 주어야 할지, 얼마만큼 진지하게 자세히 설명해 주어야 할지도 알게 될 것이다.

아이: 엄마, 나를 다리밑에서 주워 왔다는 게 사실이에요?

엄마: 누가 그랬니?

아이: 저번에 삼촌이. 그런데 내가 주워 온 애 맞아요?

엄마: 그건 삼촌이 너 놀려줄려고 그런 거야. 너는 얼굴이 아빠랑 꼭 닮았잖아. 주워 온 아이라면 그럴 수 있을까?

도움이 안돼요, 도움이…

아이들은 유난히 개그맨이나 연예인의 흉내를 잘 낸다. 서너 살짜리들이 벌써 개그맨의 말투나 행동을 그대로 흉내내는 것을 보면 저절로 손뼉이 쳐질 정도다. 어느 아이나 본능적으로 살아가는 방법을 배울 때 모방과 흉내내기의 방법을 사용한다. 그렇기에 주의력과 집중력이 있는 아이들은 습득이 빨라 공부를 잘하는 아이가 되는 것이다.

아이마다 약간의 차이가 있지만 서너 살 정도 되면 어른 흉내를 내기 시작한다. 어른이 하는 행동이면 모두 따라하려고 드는 것이다. 아이들이 노는 것을 보면 대부분 자기가 엄마인양 인형을 아기라고 하면서 업어주고 재워준다든지, 의사와 환자가 되어 병원놀이를 한다든지, 엄마가 되어 음식을 만드는 소꿉놀이를 하는 등 대부분의 아이들이 놀이를 하는 모습을 볼 수 있다.

하지만 행동도 어설프고 주의력이 부족한 때이기에 하고자 하는 일마다 '사고치기' 일쑤인 것이다. 그런 사고치기가 반복되면 대부분 부모들은 마침내 화가 폭발하고 만다.

요즘 들어 딸아이가 부모가 해주던 일이나 하던 일을 자신이 하겠다고 조르는 일이 부쩍 많아졌다. 세수도 자기가 하겠다, 옷도 자기가 입겠다, 걸레질도 자기가 하겠다면서 엄마 아빠 뒤를 졸졸 따라다니며 하루 종일 귀찮게 하는 것이다. 오늘은 반찬 그릇을 밥상으로 나르는 일을 하겠다고 졸라댄다.

아이: 엄마, 내가 할게. 응? 응?

엄마: 그냥 엄마가 할게. 너는 네 자리에 가서 앉아있어.

아이: 아잉, 내가 할게. 나도 하고 싶어.

엄마: 도와주는 건 좋은데 엎어지면 다칠까봐 그러지.

아이: 한번만. 응?

엄마: 자, 잘 들고 넘어지지 않게 조심조심해야 해.

아이는 너무 조심하다보니 제대로 걸어가지 못한다.

엄마: 그래가지고 언제 반찬그릇 다 나르겠니? 엄마가 할테니 그냥 앉아 있어.

아이: 싫다니까! 내가 한다니까!

엄마: 나원참, 오늘밤에 밥 먹긴 다 글렀군. 어이쿠, 거 봐라. 넘어진다고 조심하랬잖아.

아이는 엎어지고, 그릇은 깨지면서 음식은 사방으로 튀어나가고…. 그 일을 수습하는 엄마의 입에서 좋은 소리가 나갈 수가 없다.
엄마: 정말, 도움이 안돼요. 도움이….

주의력이 부족한 아이가 집안일에 도움이 되지 않는 것은 당연하다. 그럼에도 부모들은 아이가 도움이 되지 않는다는 말을 왜 하는 걸까?

아이는 인조인간이나 기계가 아니다. 감정과 느낌을 가진 인간이다. 아이는 부모를 돕고 싶은 마음에 일을 자처해 했는데, 만약 그것이 자신에게 비난으로 돌아온다면 그 순간 아이는 어떤 기분일지 생각해 보자. 아이는 실수가 두려워 어떤 일을 스스로 해 보겠다는 말을 하지 않게 될 것이다. 결국 성장해서는 실패가 두려워 아무것도 시도하지 못하는 소극적인 사람이 되기 십상이다.

부모의 언어가 중요한 이유가 여기에 있다. 부모가 아이에게 하는 말은 그것이 아이를 망치는 결과를 가져올 수도 있고 아이가 성공적인 삶을 영위할 수 있는 결과를 가져오기도 한다.

또한 아이가 뭔가를 하겠다고 할 때 열심히 할 수 있는 일을 마련해 주면 일생 동안 의외의 곳에서도 열심히 일할 수 있는 자세를 가질 수 있을 것이다.

이때는 주의력, 집중력, 의지력을 키우는 데 절호의 시기이기도 하다. 자신이 어떤 역할을 훌륭히 해낸 것에 대한 기쁨을 느끼게 되면서 비로소 사회생활에 필요한 협동심도 길러진다는 것을 잊지 말아야 한다.

　이러한 점 등을 고려해 볼 때 열심히 도우려는 아이가 실수를 저질렀다고 해서 꾸짖는 것은 바보 같은 행동이 아닐까 싶다. 그 실패로 인해 생긴 금전적 손실은 아이의 과외비 정도로 생각하면 어떨까.

아이: 엄마, 내가 할게.
엄마: 그래? 그럼 숟가락과 젓가락을 놓는 것을 도와주겠니?
아이: 반찬도 나를게요.
엄마: 그래. 대신 오늘은 잘 쏟아지지 않는 반찬을 나르도록 하자. 잘하면 내일은 더 많이 엄마를 도울 수 있도록 해주마.

자녀에게 길러주어야 할 것

1. 자녀에게 일을 시킬 때는 언제, 어떻게 할 것 인가의 선택권을 주어라.

사회는 한 개인에 의해서만 이루어진 곳이 아니라 각 개인이 모여서 이루어져 영위되는 것이다. 따라서 자녀에게 집안 일과 심부름 등을 시킴으로써 소속감과 책임감을 길러주어야 한다.

2. 해야할 일의 기준을 정한다.

자녀가 해야할 일을 정해준다. 먼저 하기 쉽고 흥미있는 일부터 하게 하여 동기를 유발시키고 점차 스스로 알아서 일을 처리할 수 있도록 배려하여 독립심과 성취감을 길러주어야 한다.

3. 맡아서 하는 일은 끝까지 마무리짓게 한다.

시킨 일이나 맡아서 해야 할 일에 대해서는 끝까지 책임지고 마무리를 짓도록 한다. 중도에 힘들어하거나 싫증을 내어 포기한다고 해서 결코 부모가 나서서 그 일을 대신 해주어서는 안 되며 곁에서 도움을 주어 일을 마칠 수 있도록 협동심과 참을성을 길러주어야 한다.

4. 맡은 일을 잘 이행하였다면 반드시 칭찬과 격려를 한다.

시킨 일이나 맡아서 한 일을 제대로 끝냈다면 결과에 대한 칭찬과 격려를 아끼지 말아 감사할 줄 아는 마음과 자부심을 길러주어야 한다.

5. 해야할 일에 대해 끝내야 할 시간을 정해준다.

맡은 일이나 해야할 일에 대해서는 끝내야 할 시간을 정해놓고 그 시간 안에 끝낼 수 있도록 하여 규칙 준수와 도덕심을 길러주어야 한다.

내아이 마음에
행복을
심어주는 말

사람은 누구나 칭찬 받는 것을 좋아한다. 아이도 마찬가지다. 평소에 아무리 말썽을 잘 부려 자주 혼나는 아이도 마음속으로는 누군가로부터 칭찬 받는 것을 좋아한다.

2

"아빠는 도대체 왜 그런다니?

우리에게 분노를 안겨주는 사람들은 얼굴을 모르는 남들이 아니라 가장 가까운 사람들이다. 부모와 형제자매, 그리고 아내와 남편 등 가장 가까운 곳에 있는 사람들이 슬픔과 분노를 안겨주는 경우가 참 많다. 그 이유는 그만큼 사랑하고 있기 때문이다. 사랑하고 있기에 기대가 생기고 그 기대에 부응하지 못하면 서운한 감정이 들거나 그 도가 지나치면 분노까지 느끼게 되는 것이다.

그러나 어떠한 일이 있더라도 아이들에게 그런 감정을 드러내는 것은 금물이다. 스스로는 단순한 험담이나 푸념일지라도 그것을 듣는 아이에게는 커다란 충격으로 느껴지기 때문이다.

일찍 들어와 가족과 함께 저녁 식사를 하기로 약속을 했던 남편이 저녁 시간이 한참 지난 후에야 전화를 걸어와 급한 술자리가 생겨 늦을 것이라고 말하고는 전화를 끊었다. 아빠를 기다리며 배고픔을 참고 있던 엄마가 아이를 바라보며 말한다.

엄마: 으이그, 너희 아빠는 도대체 왜 그런다니?

아이: 왜? 아빠 늦는데?

엄마: 또 술 마시고 들어온단다. 너희 아빠는 가족보다 술이 더 좋은 모양이다.

아이: 술 마시고 들어온데?

엄마: 오늘밤에도 또 고주망태가 되어 들어오겠지. 어디 들오기만 해봐라. 내가 가만두나. (아이를 바라보며) 너도 아빠 오면 막 화내고 그래야 한다. 알았지? 도대체 너희 아빠는 왜 그런다니? 정말 나쁜 아빠 아니니?

우리가 흔히 경험할 수 있는 상황이지만, 그것이 아이와 함께라면 큰 잘못이 있다는 사실을 깨달아야 한다. 아이에게 엄마와 아빠는 똑같이 중요하고 소중한 사람이다. 그런데 엄마가 아빠에게 험담을 늘어놓고 '나쁜 아빠'라고 규정을 해버린다면 아이는 큰 충격을 받게 된다.

'아, 우리 아빠는 나쁜 아빠구나.'

결국에는 아빠를 믿지 못하게 되고 아빠는 중요한 사람이 아니라는 생각을 갖게 되기도 한다.

부부 사이가 언제나 행복하고 즐거울 수는 없다. 그러나 아이들 앞에서는 항상 조심스럽게 행동을 해야만 한다. 만약 엄마가 무심

결에 내뱉은 험담이나 푸념이 아이의 마음속에 깊이 자리 잡아 아빠를 우습게 여기거나 한다면 아이는 엄마 아빠에게 골고루 얻어야 하는 생활의 지혜 중에 반쪽밖에 습득하지 못하고 만다. 이는 비단 아빠와 엄마의 문제는 아니다. 할아버지나 삼촌, 고모나 이모의 문제도 마찬가지다. 그들에게 아쉬운 점이 있고 불만이 있더라도 아이들 앞에서 험담을 늘어놓는 것은 잘못이다. 오히려 아이들이 험담을 늘어놓거나 하더라도 그들을 감싸주고 변호해주는 역할을 해야 한다는 점을 잊어서는 안 된다.

　사랑하는 가족들이 서로 비난하고 잘못을 지적하는 행동은 바람직한 모습이 아니기 때문이다.

엄마가 전화를 끊자 아이가 엄마에게 묻는다.

아이: 아빠 또 술 마시고 늦게 들어온다고 그랬지?

엄마: 아빠가 갑자기 급한 일이 생기신 모양이다.

아이: 에이, 아빠는 맨날 그래! 아빠 미워!

엄마: 중요한 일이 갑자기 생긴 게 아빠 탓은 아니잖아? 너에게도 그런 일이 생길 수 있어. 만약 네가 학교를 마치고 나오는데 갑자기 급한 일이 생겨 엄마와 약속한 시간에 돌아오지 못할 수도 있잖아. 그럴 때 아빠나 엄마가 너를 미워했으면 좋겠니?

아이: 아니.

엄마: 너도 그렇지? 가족들은 서로 이해해주고 감싸줘야 하는 거야.

"아이고 답답해! 똑바로 말해!

말이란 사람만이 지닌 특징 중의 하나다. 물론 동물들 중에도 몸짓이나 간단한 소리로 대화를 나누는 경우가 없는 것은 아니지만 사람처럼 정밀한 언어를 지니고 있는 것은 아니다.

그렇기 때문에 사람들의 모든 관계는 대화, 다시 말한다면 말하기와 듣기로 이루어져 있다고 해도 과언이 아니다. 그러나 어른과는 달리 아이들은 스스로의 생각을 표현하는 게 어눌할 수밖에 없다.

게다가 어려서부터 엄마가 곁을 지켜주며 아이가 필요한 모든 것을 해결해주는 경우에는 아이들의 표현력이 그만큼 떨어지기도 한다. 무엇인가를 아이가 정확하게 말하기도 전에 미리 그 뜻을 알아차리고 엄마가 해결해주기 때문이다.

갓난아기 시절부터 아기가 얼굴만 찡그리면 그 이유를 금방 알아차리고 기저귀를 갈아주거나 우유를 주었던 경험 때문이다. 그러나 아이는 점점 자라나게 되고 엄마뿐만이 아니라 다른 사람들과도 대화를 주고받으며 사회적 관계를 맺어가야만 한다.

그러나 엄마가 아이를 배려해주던 태도가 아이가 자란 이후에도 변화하지 않고 이어진다면 아이의 언어구사는 그만큼 떨어지게 된다는 사실도 명심해야 한다.

학교에서 돌아온 아이의 얼굴이 엉망인 것을 본 엄마는 깜짝 놀라고 말았다. 온통 흙투성이인 옷은 물론이고 아이의 얼굴이 금방 울음을 터뜨릴 듯 일그러져 있었기 때문이다.

엄마: 너 싸웠니?

그러나 아이는 굳게 입을 다물고 있을 뿐이었다.

엄마: 아이고, 답답해, 어서 말을 해봐!

엄마의 목소리가 높아지자 아이는 천천히 입을 열었다.

아이: 그게 아니라…, 집으로 오는데, 형민이가…, 저기 떡볶이를, 그래서, 내가 싫다고 했는데, 아이들이…, 자꾸 놀리잖아, 그래서….

엄마: 야, 무슨 말이 그래? 집으로 오는데, 형민이가 떡볶이를 사먹자고 했다는 거야?

아이: 아니.

엄마: 그럼, 너한테 사달라고 그랬어?

아이: 아니.

엄마: 아이고, 답답해. 말을 좀 똑바로 해봐! 엄마는 무슨 소린지 하나도 알아듣지 못하겠어! 넌 도대체 왜 무슨 말을 하면 앞뒤가 없어? 똑바로 말을 좀 해봐! 답답해 죽겠네! 또박또박 알아듣게 말을 해보라니까!

말이 조금 어눌하고 표현력이 떨어지는 아이도 분명히 있다. 그러나 그런 아이를 앞에 두고 '말을 똑바로 하라!'고 닦달을 한다고 해서 그런 모습이 바뀌는 것은 아니다. 오히려 그렇게 답답해하고 화를 내는 엄마를 보며 아이는 더욱 위축이 되어 말하는 것을 회피하게 되기도 한다. 말하는 것의 기본은 듣는 것이다. 상대의 말에 귀를 기울이는 것은 말하기의 시작이다. 그러므로 엄마가 먼저 두서가 없고 정리되지 않은 아이의 말에 귀를 기울이며 호응을 해주는 것이 좋다. 아이는 그런 엄마의 반응에 자신감을 얻어 자꾸 이야기를 하게 되는 것은 물론 스스로도 다른 사람의 말을 주의 깊게 듣게 되어 표현 능력을 기를 수 있기 때문이다.

엄마: 너 싸웠니?
그러나 아이는 굳게 입을 다물고 있을 뿐이었다.
엄마: 무슨 안 좋은 일이 있었구나.
아이: 집으로 오는데, 형민이가…, 저기 떡볶이를, 그래서, 내가 싫다고 했는데, 아이들이…, 자꾸 놀리잖아, 그래서….
엄마: 그래, 괜찮아. 급하게 서두를 필요 없어요. 천천히 말해보자. 형민이는 누구야?

" 그 선생님 왜 그러니?

아이를 학교에 보낼 때, 아이와 함께 학교로 가서 교실에 앉아 있는 엄마는 없다. 그러므로 학교에서는 선생님과 아이가 얼굴을 마주하고 공부를 하게 된다. 그러나 교실에는 없지만, 아이의 엄마가 아이를 통해 그 모습을 드러내는 경우가 있다.

학교에서 편견이나 허영심, 심한 경쟁심 등을 나타내서 교실 분위기를 흐리는 아이들의 경우 그 대부분이 바로 엄마의 모습을 나타낸다고 할 수 있다.

평소에 아이 앞에서 선생님을 무시하는 모습을 보였다거나 체육활동은 필요 없는 수업이라고 말해온 엄마를 둔 아이는 평소 엄마가 말한 그대로 행동을 하게 마련이다. 그래서 문득 선생님을 무시하는 태도를 보이고 체육시간에는 선생님의 지시에 따르지 않고 빈둥거리기도 한다.

　　학교에서 돌아온 아이의 얼굴이 잔뜩 화가 난 표정이다. 학교
에서 좋지 않은 일이 있었던 모양이다.

엄마: 학교에서 무슨 일 있었니?

아이: 오늘 담임선생님한테 손바닥 맞고 벌까지 섰어.

엄마: 뭐? 손바닥을 맞아? 네가 혼날 짓을 한 거 아냐?

아이: 그게 아니라니까! 난 아무 잘못도 안 했어. 선생님 말을 안들은 건
진철이라고! 난 정말 억울해!

　　아이는 정말 억울해서 못 견디겠다는 듯이 주먹까지 불끈 쥐고 눈물까지
글썽거렸다. 그런 모습을 보자 엄마도 화가 치밀어 오르는 것을 참을 수
가 없다.

엄마: 뭐야? 잘못도 안 했는데 우리 귀한 아들 손바닥을 때려? 거기다 벌
까지 세우고? 그 선생님 왜 그러니? 진짜 너무 하네!

　　어떤 때에는 학교 선생님이나, 학원 선생님의 말이나 행동이 적
절하지 않았다고 느껴질 때도 있다. 그러나 그럴 경우 선생님을
우습게 생각하는 듯한 말을 부모가 하는 것은 아이에게 나쁜 영향
을 미친다. 선생님의 잘못을 지적하는 부모의 말을 들은 아이는
더이상 선생님을 존경의 눈으로 바라보지 않게 되고, 존경심이 사
라지면 결과적으로 배움도 적어지기 때문이다.

　　또한 다른 사람을 배려하는 마음도 사라지고 '세상에서 내가 최
고야!' 라는 잘못된 생각을 아이에게 주입시킬 수도 있다.

　　"괜찮아, 넌 엄마 말만 잘 들으면 돼. 이제 몇 달 지나면 새 학기
가 시작되니까, 그 선생님과 함께 하는 시간도 이제 얼마 남지 않

앉어. 그러니까 선생님이 뭐라고 하든 넌 엄마 말만 들으면 돼."라고 말하는 엄마도 있다.

그런 말을 들은 아이는 과연 무슨 생각을 하게 될까? 물론 순간적으로 선생님에게 화가 날 수도 있지만, 아이는 편협한 시각을 지닌 사람으로 성장하게 될 것이 분명하다.

그러므로 아이 앞에서 함부로 선생님에 대한 부정적인 생각을 말하는 것은 좋지 않다.

아이: 오늘 담임선생님한테 손바닥 맞고 벌까지 섰어.
엄마: 뭐? 손바닥을 맞아? 네가 혼날 짓을 한 거 아냐?
아이: 그게 아니라니까! 난 아무 잘못도 안 했어. 선생님 말을 안들은 건 진철이라고! 난 정말 억울해!
엄마: 잘 생각해봐. 네가 선생님이라고 생각을 해봐. 너희 반에 수십 명이나 되는 아이들을 혼자 통솔해야 한다고 말이야.
아이: 아이들이 말을 듣지 않아 무척이나 화가 날 거야.
엄마: 그렇겠지? 선생님도 무척 화가 나셨을 거야. 그래서 선생님이 착각을 할 수도 있겠지. 그렇지만 그건 너를 미워해서 그런 것이 아니라는 사실을 알아야 해. 선생님도 사람이니까 착각을 할 수도 있을 거야. 아니면 네가 무엇인가 착각을 했을 수도 있겠지. 네가 정말 억울하다고 생각한다면 선생님께 편지를 써보는 것은 어떨까?

" 너 때문에 창피해 죽겠어

부모들은 자신의 아이가 훌륭한 모습으로 성장하고 있는 모습을 사람들에게 자랑하고 싶어한다. 자신의 아이가 친구나 친지들 앞에서 자랑스런 행동을 했을 때 그만큼 부모 가슴에 뿌듯함을 주는 일은 없기 때문이다.

하지만 부모의 이런 바람과는 달리 아이들은 주위의 시선이나 자신에게 내려질 평가를 신경 쓰며 말을 하거나 행동하지는 않는다. 오히려 사람들의 관심을 끌기 위해 집에서 하지 않던 충동적인 행동을 하거나 부모를 부끄럽게 만드는 말을 불쑥불쑥 내뱉는 것이다. 물론 자신이 잘 하고 있는 건지 잘못하고 있는 건지는 모른다. 단지 관심을 끌어볼 요량인 것이다.

하지만 아이가 할 말 못할 말을 마구 해댈 때, 너그럽게 미소지으며 아이를 지켜봐 줄 수 있는 부모가 과연 몇이나 될 것인가.

어린이날을 맞이하여 한 펜션에서 아빠 친구들의 가족과 모임을 갖게 되었다. 저녁 식사를 마친 아이들은 마당에서 공놀이를 하며 놀고 있고 부모들은 마당 한 쪽의 식탁에서 식사를 하며 이야기꽃을 피우고 있다. 공놀이를 하던 아이가 부모들 식탁으로 오더니 슬슬 말참견을 하기 시작한다.

아이: 우리 아빠는 고추가 엄청 커요. 나도 아빠 닮아서 크대요.

아이의 난데없는 말에 웃음바다가 되고 만다. 아이는 자신이 재미있는 말을 했다는 생각에 우쭐해 더욱 신나게 말을 한다.

아이: 아빠 고추가 크기 때문에 가장 행복한 사람은 엄마래요.

아빠 친구: 하하하, 네 아빠가 그러던?

아이: 네. 아빠가 술 마시고 들어왔을 때, 엄마랑 둘이서 얘기하는 걸 들었어요.

부모들은 너무 웃다가 배를 잡고 거의 쓰러지는 분위기다. 하지만 이 아이의 엄마는 안절부절, 얼굴이 붉으락 푸르락이다.

아이 엄마: 어른들 계시는 데 그만 하고 저기 가서 공놀이하고 놀거라. 얼른 가라니까.

아이: 난 여기가 더 재미있는데….

아이 엄마: 그만 가서 놀라니까. 혼날래?

모임 일정을 마치고 집으로 돌아오는 차안에서 엄마는 아이에게 꾸중을 하기 시작한다.

엄마: 넌 애가 왜 그러니? 할말 못할 말 가려서 해야지.

아이: 왜요? 난 잘못한 거 없는데?

엄마: 그럼 잘했다는 거야? 정말 너 때문에 창피해 죽겠어.

이런 경우처럼 아이가 사람들 앞에서 부모가 생각지도 못한 돌출 행동이나 말을 하는 경우는 매우 많다. 특히 주위의 관심을 끌고 싶어하는 아이일수록 더욱 심하다.

하지만 그런 일이 생길 때마다 부모가 '너 때문에 창피하다' 는 말을 하게 되면 아이는 자신이 잘못한 것이 정확히 무엇인지 알기 이전에 부모가 자신을 창피하게 생각한다는 느낌을 가질 수가 있다. 세상에서 가장 믿는 존재인 부모가 자신을 부끄럽고 창피하게 생각한다는 느낌에 상처를 받고 처참한 심정이 되고 만다.

그렇다면 매사 부정적이고 소극적인 성격이 형성될 것은 뻔한 일이다. 뿐만 아니라 더욱 큰 문제는 아이가 점차 다른 사람의 시선을 의식해 행동하거나 눈치를 보며 행동하는 아이로 자라기 쉽다는 점이다.

부모는 아이로 인해 창피함을 느끼게 되었을 때 그 화를 참아야 한다. 화를 폭발하면서 '이만큼 화를 냈으니 너도 조심하겠지?' 라고 생각하는 것은 부모의 바람이고 아이는 남의 눈치를 보거나 남의 시선을 의식해 행동하려 들 것이다.

창피함을 느끼지 않아도 되는, 안심할 수 있는 아이로 만들어내는 방법에는 특별한 것이 없다. 문제를 아이의 입장에서 생각해보고, 아이도 부모의 입장에서 생각할 수 있는 힘을 길러주는 길뿐이다.

모임 일정을 마치고 집으로 돌아오는 차안.

엄마: 네가 엄마와 아빠 둘이서만 한 말을 많은 사람들 앞에서 얘기할 때 몹시 부끄러웠단다. 왜 부끄러웠는지 알아?

아이: 몰라요.

엄마: 엄마랑 아빠 둘이서만 하고 싶은 얘기가 있고, 다른 사람들이랑 함께 나누고 싶은 얘기가 다르거든.

아이: 무슨 말인지 잘 모르겠어요.

엄마: 만약 네가 엄마랑만 하고 싶은 얘기가 있는데 아빠가 다른 사람들에게 그걸 막 얘기하면 넌 기분이 어떨까?

아이: 기분이 나쁠 것 같아요.

엄마: 엄마 기분 이해하겠지?

" 니가 조폭이야?
이다음에 커서 뭐가 되려고 그래

대부분 부모들은 자신의 아이에게는 한없이 관대한 경향이 있다. 다른 아이와 같은 행동을 해도 자신의 아이를 더 예쁘게 생각하거나 감동을 받기도 한다. 더 나아가 자신의 아이가 나쁜 행동을 했더라도 '무슨 이유가 있었을 거야'라고 너그럽게 생각하기도 한다. 자신의 아이는 따스한 성품을 지녔을 거라고 믿고 아름다운 마음으로 세상을 살아갈 것이라는 걸 믿어 의심치 않기 때문이다.

그런데 만약 자신의 아이가 유치원에 다니거나 초등학생이 되었을 때, 갑자기 약한 동물이나 곤충을 잔인하게 죽이고 비싼 돈을 주고 산 장난감을 분해해서 엉망진창으로 만든다면, 그때에도 과연 '그래그래 잘했다' 하는 칭찬과 미소로 아이를 격려해줄 수 있는 부모가 있을까? 아마도 속이 상하고 화가 나서 "니가 조폭이야?" 혹은 "너 커서 조폭될래?" 하는 말이 저절로 튀어나오고 말 것이다.

순하고 얌전한 딸애와는 달리 둘째인 아들은 어릴 때부터 장난 감을 주면 잡아당기고 던지고 발로 밟고 끝내는 부셔버리고 다른 장난감을 사달라고 조르곤 했다. 그러더니 유치원에 다니기 시작하자 곤충에 유달리 관심을 보이며 보이는 데로 곤충을 해부하곤 했다. 말이 좋아서 해부지, 보는 곤충마다 다리와 날개를 뽑고 몸을 토막내기도 하고 결국 짓이겨야 끝이 난다.

아이: 엄마! 내가 잠자리 잡았어요!

엄마: 잘했구나. 고추잠자리를 잡았네! 조금만 놀다가 날려 보내주거라.

그러고 나서 한동안 조용하기에 엄마가 다시 가보니 역시나 잠자리 해부를 하고 있는 게 아닌가!

엄마: 야! 너 또! 왜 불쌍한 잠자리를 괴롭혀! 잠자리도 다 생명이 있는 거야!

아이: 야호 성공이다. 엄마 성공했어! 잠자리 똥꼬에 성냥 꽂았어!

엄마: 그만 하라니까! 얼른 잠자리 놔주지 못해!

아이: 싫어요. 내가 얼마나 고생해서 잡은 건데.

엄마: 빨리 안 놔주면 혼난다! 맞고 놔줄 거야, 그냥 놔줄 거야?

아이: 엄마는 나한테만 괜히 그래. 씨이.

엄마: 뭐? 씨이? 니가 조폭이야 뭐야? 너 왜 이렇게 잔인하냐구? 어떻게 그렇게 끔찍한 행동을 할 수가 있어? 이다음에 커서 뭐가 되려고 저런데.

남자아이들이 잔인한 행동을 보이기 시작하는 것은 성품이 잔인해서 그런 것은 아니다. 다만 탐구욕과 호기심이 왕성해졌을 뿐이다. 그래서 이리저리 조사해 보고 짓궂게 행동하게 되는 것으로 살아있는 것을 죽이거나 장난감을 분해함으로써 호기심을 현실로 발견해 보고자 할 뿐이다.

그런 만큼 그와 같은 행동을 지나치게 막고 비난하게 되면 이제 막 생기기 시작한 탐구욕, 호기심까지 눌러 버리게 될 소지가 있다.

그러므로 아이가 잔인하거나 난폭한 행동을 보이기 시작할 때에는 함께 활동에 참가하여 지식욕, 탐구욕을 만족시킬 수 있도록 하는 것이 좋다. 아이와 함께 하는 것으로 일단 아이에게 만족감을 안겨 주고 나서 "살아 있는 것을 죽이면 불쌍하지 않니?" "장난감을 부수면 나중에 후회하지 않겠어?"라고 제안하여 좀더 높은 단계로 관심의 전환을 꾀하도록 한다.

확인해 보는 즐거움으로부터 출발하여 창조하는 즐거움까지 생겨나게 되었을 때, 아이의 마음속에는 자연에 대한 감동이 생기게 된다. 자연의 법칙을 생각하는 관심이 뿌리를 내리는 것이다. 그리고 이 체험을 통해 느낀 것이 장래에 과학을 공부하게 되었을 때 크게 도움이 된다.

아이: 야호 성공이다. 엄마 성공했어! 잠자리 똥꼬에 성냥 꽂았어!

엄마: 뭐가 궁금해서 잠자리 꼬리에 성냥을 꽂았니?

아이: 똥꼬에 성냥 꽂고서도 날아갈 수 있나 보려고요.

엄마: 그럼 얼른 실험해 보고 날려주자.

아이: 네. 어? 날지 못하네?

엄마: 이제 궁금한 거 해결 됐지? 얼른 잠자리 날려주자. 잠자리가 불쌍하구나.

아이: 잠자리가 왜 불쌍해요? 잠자리도 아파해요?

엄마: 그럼. 잠자리도 너하고 똑같이 아픔을 느낀단다.

"엄마가 하는 말을 도대체 듣고 있는 거니?

아이가 무언가를 잘못하거나 실수하게 되었을 때, 무조건 '하지 마!' 라고 말하는 것이 교육적 효과가 전혀 없음은 말할 필요도 없다. 부모는 아이가 잘못한 행동이나 말, 실수한 이유 등을 차근차근 이야기 해주고 다음부터는 그런 실수를 하지 않도록 유도해야 한다. 하지만 아이들은 늘 실수투성이이고 불안정하며 가르쳐 준 대로 잘 따라 하지도 않는다.

그럴 때마다 아이를 붙들고 그 말이 왜 잘못됐는지, 그럼 어떻게 말해야 하는지 부모가 아는 지식을 총 동원해 설명하고 있는데, 아이는 다른 생각을 하고 있거나 손장난을 하고 있기 일쑤다.

아이가 침대에서 비스듬히 누워 과자와 음료수를 먹으며 책을 읽고 있었다.

엄마: 너 지금 뭐 하는 거야? 침대에서 비스듬히 누워서 책 보면 안 된다고 했지?

아이: 아니, 책상에서 읽다가 허리가 아파서….

엄마: 의자에 앉아서 읽어야 자세가 바르게 되지. 그렇게 이상한 자세로 책 읽다가 허리 휘어지고 싶어? 허리를 똑바로 펴지 않고 자꾸 그렇게 이상한 자세를 하면 허리가 휘어져버린다니까. 그리고 눈은 또 얼마나 나빠지겠니? 책상에 바르게 딱 앉아서 책을 읽어야 책 내용도 머리에 잘 들어가고 눈도 안 나빠지지. 그러다가 눈 나빠지면 안경 쓸래? 거기다가 침대 위에서 뭐 먹지 말라고 엄마가 얘기했잖아. 왜 그런 줄 알아? 침대에서 과자 먹다가 흘리면 개미 꼬이지. 그러다 개미한테 물릴 수도 있어. 그리고 음료수 먹다가 흘려봐. 침대는 빨지도 못한단 말야.

엄마의 계속된 설명에 아이는 벌써 고개를 숙이고 손장난을 하고 있다. 그 모습을 본 엄마는 화가 머리끝까지 치민다.

엄마: 야! 너 지금 엄마 말 듣고 있는 거야? 엄마가 얘기를 하면 들어야지. 뭐 하는 거야? 안 들으니까 나중에 또 똑같은 실수를 하는 거야. 엄마가 너 잘 되라고 그러는 거지, 나 잘되자고 그러는 거야?

아이: 어휴, 알았다니까!

자식에게 열의가 많은 부모일수록 아이의 행동을 늘 관찰하고 잘못된 말이나 행동 등을 지적해주며 바로잡아 주려고 애를 쓴다. 그러다보면 부모 자신도 모르는 사이에 아이의 일거수 일투족을 일일이 신경 쓰며 계속 지적하고 설명하고 이해시키려 들게 된다.

하지만 아이들은 부모의 계속된 지적과 설명이 귀찮고 지루하게만 느껴질 뿐이다.

아이를 납득시키기는커녕 아이의 짜증만을 폭발시킬 뿐이다.

그렇다고 해서 아예 지도 자체를 하지 않고 지나가는 것은 안될 일이다. 그런 것이 쌓이면 아이는 오히려 부모가 자신에게 관심이 없다는 식으로 생각하게 되고 심하면 애정 결핍 증세를 보이기도 하기 때문이다.

부모는 아이가 잘못된 일을 하였다고 생각하게 되면 엄하게 지적하고 바로 잡아 주어야 한다. 그런 후에 이렇게 혼을 내는 일은 관심과 사랑이 있기 때문이라는 것을 알려주어야 한다. 이렇게 함으로써 아이는 비로소 부모에게 신뢰를 느끼고 다른 반감 없이 기대하는 바에 잘 따르게 된다. 단, 이것은 도덕적으로 잘못된 것이 분명한 때와 신체적인 위험이 있었을 경우에만 한하여 활용하도록 한다.

이때에 가장 중요한 것은 간단명료하게 말하는 것이다. 그렇지 않으면 아이는 툭하면 불만을 드러내고 짜증을 내게 된다. 또한 부모의 눈치를 살피는 좋지 않은 습관이 생길 수 있다. 따라서 가능하면 처음에는 이유를 잘 설명해주고 다시 이와 같은 일이 있을 때는 더 혼내겠다는 말을 해 둔 다음 끝을 맺는 것이 좋다.

엄마: 침대에서 책을 읽으면 자세가 바르지 않아 눈도 나빠지고 허리도 휘어질 수 있어. 그러니까 다음부터는 그러지마라.

85

> **억지로 하니 그 모양이지,
> 너한테 정말 실망이다**

　부모들은 자신의 아이가 공부나 운동, 심부름이나 취미생활까지도 항상 즐거운 마음으로 최선을 다하기를 바란다. 그러나 아무리 좋아하는 일이라도 언제나 열심히 할 수 없다는 것은 부모도 잘 알고 있다. 그럼에도 불구하고 자신의 아이에게만큼은 늘 그렇게 하기를 바라는 것이다. 어느 것도 대강 하거나 잘 못하는 것을 용납하지 않으려 든다. 그러나 인간이 기계도 아니고, 어찌 매순간 완벽하겠는가?

　물론 부모는 아이가 완벽하기를 바라지 않는다고 말할지도 모른다. 하지만 부모들은 자신이 아이에게 하는 말을 돌이켜볼 필요가 있다. 생활 속에서 행해지는 대부분의 일에 언제나 완벽하기를 얼마나 강요하고 있는지….

6교시를 마치고 오후 3시가 되어서 파김치가 되어 돌아온 아이.

아이: 다녀왔습니다. 아이고, 힘들어.

엄마: 그러게 어젯밤에 일찍 자라고 할 때 딱 자야지. 늦게 자니까 오늘 힘들잖아. 얼른 씻고 나와. 사회 복습하고, 영어 학원 가기 전에 예습하고 가야지.

아이: 잠깐만 쉴게요.

엄마: 정 그렇다면 조금만 쉬고 공부해라.

잠시 후 방에 가보니 아이가 잠들어 있다. 하는 수 없이 놔두고 나오지만 엄마는 화가 나기 시작한다. 정확히 1시간 후, 아이를 깨운다.

엄마: 얼른 일어나.

아이: 조금만 더 잘게요.

엄마: 너 그러다가 예습 복습 하나도 못한다니까. 얼른 세수하고 와.

엄마의 성화에 못 이겨 세수를 하고 와 책상에 앉긴 했지만 공부가 잘될 리 없다. 그저 자고 싶은 마음만 간절할 뿐이다. 잠시 후, 엄마가 아이에게 다가와 묻는다.

엄마: 방금 읽은 부분 얘기 해봐.

아이: 음….

엄마: 공부를 하긴 한 거야? 너한테 정말 실망이다. 억지로 하니까 그 모양이지. 그렇게 하려면 차라리 하지마.

엄마는 아이에게 공부를 열심히 하게 하려고 노력하다가 결국은 못 따라오는 아이에게 빈정거리는 말투로 실망스럽다는 말을 하고 말았다. 물론 엄마가 의도하는 것은 그런 것이 아니다. 제발 자식이 공부 잘하기를 바라는 엄마의 마음을 알아달라는 소망을 담고 있다.

하지만 이 말을 듣는 아이는 '너는 항상 부모를 실망시키는 아이야. 너는 그것 밖에 안 돼.' 라는 말로 알아듣는다. 엄마의 말에 따라 열심히 공부하지 못한 것에 대해 후회와 반성의 마음이 생기기도 전에 '엄마는 나에게 실망했다' 는 느낌에 자신이 불행하다고 여기게 된다.

아이가 큰 실패를 경험한 것도 아니면서 열등감으로 똘똘 뭉쳐 스스로 자신이 불행하다는 느낌을 갖고 살아가기를 바라는 부모는 없을 것이다.

부모는 아이도 부모와 마찬가지로 하기 싫은 것도 있고 평소에 잘 하던 것도 컨디션이나 상황에 따라 잘 못할 수도 있다는 것을 인정해야 한다. 흥미가 없는 내용을 부모가 요구한다고 해서 눈을 반짝이며 하기는 힘들다는 것도 인정해야 한다.

부모가 할 수 있는 최선의 노력은 아이가 흥미를 느낄 수 있도록 도와주는 것이다. 또한 결과가 신통치 않더라도 아이가 노력을 했다면 기꺼이 칭찬해 주어야 한다. 물론 잘 해냈을 때에는 반드시 부모가 기뻐하는 마음을 드러내고 아이와 함께 나누어야 한다. 잘 해낸 것에 대한 기쁨을 누리는 것, 마음 벅찬 뿌듯함을 느껴보는 것, 이런 경험이 아이를 성공한 삶에 더욱 가까이 다가가게 한다.

잘 한 것에 대해서도 당연하다는 식으로 말하는 것은 절대 금물이다. 열심히 해봤자 칭찬 받지 못한다면 열심히 할 의욕도 점점 사라지고 만다. 의욕이 없는 아이의 미래는 그려보지 않아도 뻔하지 않은가.

아이: 다녀왔습니다. 아이고, 힘들어.

엄마: 그럼 잠시 쉬고 오늘 할 공부하자.

잠시후 방에 가보니 아이가 잠들어 있다. 1시간 후, 아이를 깨운다.

엄마: 그만 일어나야지?

아이: 조금만 더 잘게요.

엄마: 많이 피곤한가 보구나. 그럼 오늘은 푹 쉬고 대신 내일부터는 열심히 공부하자. 응?

뭐? 벌써 끝냈다고?

　대부분의 부모들이 자신의 아이에게 간절히 바라고 요구하는
것은 '좀더' 이다. 좀더 잘해라, 좀더 열심히 해라, 좀더 최선을 다
해라, 좀더 하면 잘할 텐데…, 좀더 충실히…, 좀더….

　부모들의 바람처럼 아이들이 좀더 열심히 따라준다면 문제가
없을 것이다. 하지만 아이들 열의 아홉은 '잘 한다' 가 아니라 그저
'했다' 는데 의미를 찾고 만족을 느낀다. 과정이나 내용은 별로 개
의치 않기 때문에 엉터리로 하고도 자랑스럽게 '했다' 고 말하는
것이다.

　그런 일들이 자꾸 반복되면 아이가 후닥닥 일을 처리하고 뛰어
와 자랑스럽게 '했다' 고 말할 때 부모들의 반응은 뜨악할 수밖에
없는 것이다.

아이가 학교에서 오자마자 컴퓨터 게임을 하겠다고 한다.

아이: 엄마, 어제 게임 한 시간 못했잖아요. 지금 할게요.

엄마: 뭐? 학교에서 오자마자 게임을 하겠다고? 안 돼! 숙제는 없어?

아이: 숙제 있어요. 그런데 하루에 한 시간씩은 게임 해도 된다고 그랬잖아요.

엄마: 이부터 닦고 세수하고 숙제 끝내라. 우선 네가 할 일부터 다 하고 게임해. 응?

아이: 오늘은 어제 못 한 것까지 두 시간 할게요.

엄마: 일단 네가 할 일부터 하고 얘기하라니까.

아이: 오케이!

부리나케 목욕탕으로 달려간 아이, 이 닦고 세수하는데 1분도 안 걸린다. 그리고선 물기도 제대로 닦지 않고 책상으로 달려가 숙제를 시작한다. 잠시 후, 아이는 숙제를 다 했다며 컴퓨터로 달려간다.

엄마: 뭐? 벌써 다했다고? 그럼 가져와 봐.

아이: 자 봐요. 다 했잖아.

엄마: 여기 내용이 빠졌잖아. 이건 좀더 자세히 설명했어야지. 여긴 계산도 틀렸네. 글씨도 다 틀리고. 선생님이 숙제를 내주시면 열심히 해서 내야지 이게 뭐야! 대강대강 해치우면 다야? 처음부터 다시 해.

이 아이는 자신이 좋아하는 게임을 하기 위해서 최선을 다해 빨리 했는데 엄마가 트집을 잡으며 자신을 괴롭힌다고 생각하기 쉽다. 엄마의 명령에 따라 다시 하는 숙제는 처음보다 더 열심히 하기가 힘들다. 오히려 짜증만 날 뿐이다.

엄마는 억지로 아이를 책상에 앉히는 데는 성공했지만 더욱 충실한 내용으로 숙제를 하게 한다든지 최선을 다하는 자세를 갖게 하는 것에는 실패다. 아이의 마음에는 불만만이 가득할 뿐이다.

아이의 공부에 대해 신경을 많이 쓰는 부모가 쉽게 범하게 되는 잘못 중에 하나가 바로 성급하게 큰 성과를 기대하는 것이다. 이러한 부모는 아이를 책상에 붙들어 놓은 지 얼마 되지 않았음에도 아이가 "엄마, 숙제 다 끝냈어요."하게 되면 "어머 벌써! 대단한데!"라는 긍정적 반응이 아니라 "시작한 지 얼마나 되었다고 벌써…"하는 부정적인 반응을 보인다.

숙제를 빨리 마치기 위해 노력했던 아이도 엄마의 그런 반응을 접하게 되면 실망을 하고 만다. 부모의 말로 인해 의욕을 상실하게 되는 것이다.

부모는 자신의 성급함으로 아이의 의욕을 사라지게 해서는 안 된다. 조금씩 조금씩 공부를 좋아하는 아이가 되도록 이끌어 주어야 한다. 나이가 들고 인생에 대해 생각하고 자각이 생기게 되었을 때 반드시 자주적으로 공부를 하게 될 수 있는 배경에는 그러한 부모의 자세가 동반되어 있기 마련이다.

이를 위해서는 아이가 공부에 대해 '공부는 지겨운 것'이라는 느낌을 받지 않도록 배려해 주어야 한다. 공부 끝났다고 대답하기 위해서 아이가 달려오면 "힘들었지?"라고 말해주는 게 좋다. 더 나아가 "빨리 끝나서 좋겠구나."라며 아이가 느끼는 즐거움을 함께 하는 게 좋다. 아이 스스로 공부를 시작하는 것을 보게 되면 "우리 아들 대단한데!"라며 기쁨을 나타내 주도록 한다.

아이에게 공부하기를 원하는 부모들 중에는 간혹 아이가 공부하지 않는 것을 보고 잔소리를 하면서도 막상 아이가 공부를 시작하면 아무런 말도 하지 않는 경우가 있다. 물론 공부를 하는 모습을 보고 안심하기 때문이지만 아이는 공부를 시작함과 동시에 외로움을 느끼게 되고 따라서 그 의욕을 쉽사리 잃기 쉽다. 오히려 학습 능률이 저하될 수 있다는 것이다.

그러므로 이런 경우, 부모는 관심의 표시를 반대로 나타내 주어야 한다. 공부를 하지 않을 때는 관심을 덜 기울이다가 공부를 하기 시작하면 "열심히 하는구나.", "힘들지?"하며 관심을 보여준다. 이것으로 아이는 더욱 공부에 애착을 갖고 열심히 할 수 있을 것이다.

아이가 학교에서 오자마자 컴퓨터 게임을 하겠다고 한다.
아이: 엄마, 어제 게임 한 시간 못했잖아요. 지금 할게요.
엄마: 우선 네가 할 일부터 다 하고 게임을 하면 어떨까?
아이: 오늘은 어제 못 한 것까지 두 시간 할게요.
엄마: 숙제 마치면 다음엔 네 자유시간이야. 하지만 숙제를 대충하면 게임할 수 있는 시간도 줄어들 수 있다는 거 알지?

"아이고, 얘가 말을 잘 들어요?!

아이들은 성장하면서 어떤 시기가 되면 청개구리나 미운 오리처럼 구는 때가 있다. 특히 남자아이들의 경우 그 강도가 더 심각하다. 말도 지겹게 안 듣고 하는 행동도 제멋대로고 말썽이란 말썽은 다 피우고 다니고…. 오죽하면 부모들이 미운 네 살이니 다섯 살이라는 말로 위안을 삼을까. 그러면서도 속으로는 그 시기가 지나면 점잖아지고 부쩍 성장할 거라는 믿음을 갖고 참고 또 참는 것이다.

그런 시기라고 해서 나쁜 행동이나 말에 대해서 아무 말도 안하고 지나칠 수도 없고, 그러다보면 아이는 하루 종일 꾸중듣고 벌서기를 밥먹듯이 하게 되는 것이다.

그러던 아이가 어느 날 손님들이 집으로 온 날, 평소와 다른 얌전한 행동과 착한 말로 칭찬을 받게 되는 경우가 있다.

아빠가 중학교 동창들을 집으로 데리고 왔다.

아빠: 아빠 친구 분들이시다. 인사 드려라.

아이: 안녕하세요?

아빠 친구: 와, 얘가 벌써 이렇게 컸냐? 잘 생겼는데! 아주 똘똘하게 생겼다.

아빠: 아이고, 말도 마. 얼마나 말썽을 피우는 지, 죽겠다.

아빠 친구: 착하게 생겼는데 뭐.

아빠: 착하게 생기기만 하면 뭐하냐? 말을 안 듣는데….

그때 엄마가 아이에게 심부름을 시킨다.

엄마: 얼른 가게에 가서 계란 좀 사올래? 계란이 똑 떨어진 줄 몰랐네.

아이: 알았어요.

아빠 친구: 야, 네 아들 말 잘 듣네. 걱정할 것 없겠다.

아빠: 아이고, 저 애가 말을 잘 들어? 지금이야 낯선 사람이 있으니까 그런 거지.

　사람은 누구나 칭찬 받는 것을 좋아한다. 아이도 마찬가지다. 평소에 아무리 말썽을 잘 부려 자주 혼나는 아이도 마음속으로는 누군가로부터 칭찬 받는 것을 좋아한다.

　하지만 부모에게는 매일 혼나는 것이 습관이 되어버리면, 그래서 '나는 늘 잘못하는 아이'라는 생각이 굳어지게 되면 오히려 칭찬 받기 위한 노력을 하지 않는다.

그러나 새로운 사람을 만나게 되면, 잘 보여서 칭찬을 받고 싶다는 속마음이 겉으로 표출된다. 그런 아이의 심정을 이해해줄 필요가 있다. 그러나 그런 아이를 이해하기는커녕 오히려 비난을 하는 경우가 생긴다.

위의 상황이 그런 경우다. 이처럼 부모로부터 비난을 듣게 된 아이는 앞으로 더욱 말썽을 부리는 아이가 될 가능성이 높다.

부모는 아이의 마음을 소중하게 생각해 주어야 한다. 칭찬 받고 싶어하는 마음에 상처를 주어서는 안 된다. 부모들은 아이에게 값비싼 물건을 사주거나 학원을 보내주는 것으로 아이를 위한 노력을 다했다고 생각하기 쉽다. 하지만 가장 중요한 것은 아이를 마음으로 사랑해 주는 것이다.

모처럼 아이가 칭찬을 받는 것을 계기로 더욱 칭찬 받는 아이가 되도록 인도할 것인지, 마음에 불만과 부모에 대한 불신이 가득한 아이가 되도록 할 것인지는 부모의 태도에 달려있다.

아빠 친구: 와, 얘가 벌써 이렇게 컸냐? 잘 생겼는데! 아주 똘똘하게 생겼다.

아빠: 그렇게 봐주니 고맙다.

엄마: 얼른 가게에 가서 계란 좀 사오너라. 계란이 똑 떨어진 줄 몰랐네.

아이: 알았어요.

아빠 친구: 야, 네 아들 똘똘하게 생긴 줄만 알았더니 심부름도 잘하는 구나. 착하네.

아빠: 아들이 칭찬 받으니 기분 좋은데! 너도 그렇지? 아빠 친구 분께 '고맙습니다' 하고 인사 드려라.

자꾸 까불래?

대부분의 아이들이 가장 좋아하는 TV 프로그램은 개그쇼라고 할 수 있다. 그것은 옛날이나 지금이나 마찬가지라고 하겠다. 아이들은 개그맨들의 행동을 따라하면서 즐거워한다. 물론 부모들은 그런 모습을 달가워하지 않는다.

"매일 TV에 나오는 이상한 짓만 흉내내서 죽겠어요."

그러나 그런 행동을 따라 해서 바보가 되었다는 이야기를 들어본 기억은 없다.

중요한 것은 아이들은 그런 행동을 하며 커간다는 것이다. 동물들도 마찬가지다. 호랑이나 사자 같은 맹수들의 새끼들도 어린 시절에는 또래들과 서로 장난을 치며 자라난다.

우리의 아이들도 마찬가지다. 심각한 표정보다는 장난스러운 표정이, 점잖은 행동보다는 까불거리는 행동이 더 어울리는 모습이기 때문이다.

그러나 아이가 때와 장소를 가리지 않고 엉뚱한 행동을 하면서 개그맨처럼 굴게 되면 부모는 화가 날 수밖에 없다.

엄마: 잘 들어봐. 분수에 대해서 네가 아직 정확하게 모르는 것 같아.

아이의 수학 공부를 돌봐주던 엄마가 책을 보면서 열심히 설명을 하다가 문득 이상한 느낌이 들어 아이의 얼굴을 바라보았다. 순간 아이는 이상한 표정을 지은 채 엄마를 바라보며 히죽히죽 웃고 있는 게 아닌가.

엄마: 너 지금 뭐 하는 거야?

아이: 엄마, 웃기지 않아?

엄마: 너 지금 공부하는 중이야! 엄마가 열심히 설명하고 있는데, 너는 지금 뭐하는 거야?

아이: 엄마 얼굴이 너무 심각해 보여서, 웃으라고. 나 이거 정말 잘 한다.

아이가 다시 사팔뜨기 눈을 만들어 보여준다. 엄마는 순간 화가 치밀어 오른다.

엄마: 너 자꾸 까불래? 앞으로 그런 바보 같은 짓 하면 가만두지 않는다!

아이들 중에는 특히 까부는 게 몸에 배인 아이들도 있다. 그런 아이들은 학교에서도 공부에 열중하지 않고 '어떻게 하면 엉뚱한 짓을 해서 아이들의 이목을 집중시킬까?' 만 연구하며 시간을 보내기도 한다. 일부러 방귀를 큰 소리로 뀌기도 하고, 선생님의 질문에 엉뚱한 대답을 해서 친구들을 웃기려고 노력한다.

물론 그럴 때마다 수업 분위기가 엉망이 되는 것은 당연한 일이며 그 아이는 선생님으로부터 꾸중을 듣고 벌을 서게 되기도 한다.

그러나 중요한 것은 그렇게 혼내고 화를 내고 벌을 서게 하더라도 아이의 그러한 성향은 사라지지 않는다는 데 있다. 더군다나 학교에서는 여러 명의 아이들이 모여서 공부를 하기 때문에 무턱대고 까부는 것을 용납할 수 없다. 그러나 집안에서의 경우는 조금 달라도 된다.

아이와 단 둘이 얼굴을 마주하고 있을 때에는 어느 정도 아이의 성향에 맞춰줄 필요도 있기 때문이다.

까부는 것에는 용기와 유머, 그리고 그에 따르는 에너지가 필요하다. 그것은 다른 아이에게서는 찾을 수 없는 커다란 장점이다.

그러므로 무턱대고 아이를 나무라지 말고 넘치는 에너지를 적절히 공부로 분배하는 역할을 담당해주는 것이 부모의 몫이라고 할 수 있다.

아이와 단 둘이 공부를 하면서 분위기를 따질 필요는 없기 때문이다. 아이가 까불면 일단 까부는 상황 그대로를 인정해주자. 바로 그 면전에서 아이에게 면박을 주면 아이는 자존심에 큰 상처를 받게 된다는 점을 명심해야 한다.

다만 시간적 여유를 갖고 때와 장소에 따라 적절히 조절하는 법을 알려주는 게 좋다.

아이의 수학 공부를 돕고 있던 엄마가 책을 보면서 열심히 설명을 하다가 문득 이상한 느낌이 들어 아이의 얼굴을 바라보았다. 순간 아이는 사팔뜨기 눈을 만든 채 엄마를 바라보며 히죽히죽 웃고 있는 게 아닌가.

엄마: 너 정말 우습다!

엄마가 같이 웃어주자 아이는 더욱 신이 나서 그런 얼굴을 보여주려고 애쓴다.

엄마: 대단한데? 그런데 이런 거 아무데서나 하면 안 될 거 같은데!

아이: 왜?

엄마: 우리는 지금 둘이 있으니까 한바탕 웃고 다시 공부하면 되지만, 만약 학교에서 선생님이 공부를 가르쳐주고 있는데 이런 일이 벌어진다면 다시 공부를 시작하는 게 쉽지 않을 거야.

아이: 학교에서 그러다가 선생님께 혼난 적이 있어요.

엄마: 그렇지? 아무리 웃긴 일이라도 아무 곳에서나 할 수는 없는 거란다. 만약 다들 슬피 울고 있는데 누군가 그런 행동을 한다면 너무 이상하지 않겠어? 또 네가 무엇인가 심각한 이야기를 하고 있는데 상대방이 네 이야기는 듣지 않고 그런 행동을 한다면 네 기분은 어떨 것 같니?

아이: 기분이 나쁠 것 같아요.

엄마: 바로 그거야. 선생님도 열심히 공부를 가르치고 있는데 네가 그런 행동을 하면 기분이 나빠지는 거야.

아이: 그럼 엄마도 기분이 나빴어요?

엄마: 아니, 기분이 나쁘지는 않았지만 엄마도 처음엔 깜짝 놀랐지. 그러니까 다음부터는 장기자랑을 할 때나 아니면 쉬는 시간이나 노는 시간에 그 멋진 모습을 보여주면 아마도 다른 사람들이 굉장히 즐거워할 거야.

" 안 봐도 비디오지

내일 일을 알 수 없다는 것은 우리에게 답답함을 주기도 하지만 동시에 축복이기도 하다. 내일 갑작스럽게 일어날 불행이나 슬픔에 대해 미리 고통스러워하고 슬퍼할 기회를 주지 않기 때문이다. 게다가 오늘의 결과가 내일이라는 생각을 한다면 충실하고 성실한 오늘이 내일의 불행이나 슬픔을 막아주는 방패 역할을 한다고 생각할 수도 있다. 그리고 그렇게 내일의 불행이나 슬픔을 막아내는 방패의 역할은 내일을 내다보는 힘에서 출발한다.

그러나 아이들에게 내일을 내다보는 힘을 요구할 수는 없다. 그렇기에 부모의 간섭과 도움이 필요한 것이다. 내일을 준비하기보다 오늘의 즐거움을 따르게 마련인 아이들에게 내일을 준비하게 만들고 또 그것에 대해 설명해주는 일은 부모의 의무라고도 할 수 있다.

그러나 그러한 간섭과 도움에도 적절한 선을 지켜야 한다. 너무 깊숙이 간섭하고 도움을 주면 아이가 스스로 무엇인가 이루어내는 힘을 잃게 되고, 또 너무 간섭을 하지 않으면 엉뚱한 방향으로 가게 되기 때문이다.

그렇기에 적절한 선을 유지한다는 것은 무척이나 어렵다. 그러나 그보다 더 중요한 것은 아이가 내일을 향해 나아가려는 욕망을 잃지 않도록 격려하는 일이다. 부모가 너무 쉽게 아이를 단정해버리는 일은 그래서 피해야 한다. 게다가 그 단정이 긍정적인 방향이 아니라 부정적인 방향의 단정이라면 더욱 곤란하다.

학교에서 돌아온 아이의 얼굴은 엉망이 되어 있었다.

엄마: 이게 도대체 무슨 일이니?

아이: 오늘 청소하고 와서 그래요.

엄마: 너 어제도 청소했잖아?

아이: 오늘은 우리 반 아이들 전체가 청소하는 날이었어요.

엄마: 솔직히 말해봐. 너 무슨 잘못을 저질러서 벌로 청소한 거지?

아이: 나는 잘못한 게 없는데, 아이들이 하도 떠들어서 선생님이….

엄마: 됐어. 안 봐도 비디오야. 잘못한 게 없다고? 뭔가 잘못한 게 있으니까 선생님이 벌을 주셨겠지. 그런데 청소는 하지도 않고 장난만 쳤나보구나. 그러니까 얼굴이 그 모양이지.

아이: 아니야. 그게 아니라….

엄마: 안 봐도 비디오라니까. 자꾸 변명하려고 하지마.

아이가 평소에 변명을 많이 하고, 또 자신에게 조금이라도 불리하다고 생각되면 이야기를 지어내서 유리하게 만드는 버릇이 있더라도, 무엇보다도 먼저 아이를 믿어주는 자세를 보여주는 것이 중요하다.

아이가 변명을 늘어놓거나 거짓말을 하는 이유는 엄마가 자신을 믿어주기를 바라기 때문이다. 아이가 자신을 믿어주기를 원하고 있다면 아직 희망이 있는 것이라고 말하고 싶다.

아이가 더 자라 청소년기가 되면, 그래서 부모가 어떠한 말을 하건 상관하지 않는다는 자세를 보이는 시기라면, 부모가 아이에게 해줄 수 있는 일은 더욱 줄어들기 때문이다.

잘 보이려고 노력하는 자세 하나만으로도 아이를 신뢰해야 한다. 그렇게 아이와 대화를 이어가야만, 그 이후 어떻게든 좋은 방향으로 아이를 인도해줄 수 있는 가능성이 열려있다는 것을 의미하기 때문이다.

그러므로 위와 같은 경우에는 일단 아이가 원하는 대답을 해주어 아이로 하여금 '아, 역시 우리 부모는 내 편이구나!' 라는 심리적 안정감을 주는 데 노력해야 한다.

그럼에도 불구하고 대부분의 부모들은 아이가 무엇을 원하는지 알고 있다는 것에 우월감을 느끼며, 그렇게 얄팍한 거짓말을 하는 아이를 비난하게 된다.

물론 부모의 입장에서는 '그렇게 얄팍한 거짓말을 하지말고 정직하게 말하는 것을 가르치려고 한다' 고 말할지도 모른다. 그러나 '안 봐도 비디오다' 라는 말은 비난일 뿐 교육이 아니라는 점을 명심할 필요가 있다.

학교에서 돌아온 아이의 옷이 엉망으로 더럽혀져 있었다.
엄마: 이게 도대체 무슨 일이니?
아이: 오늘 청소하고 와서 그래요.
엄마: 어제도 청소를 했는데, 오늘도 청소를 했다구? 많이 힘들었겠구나. 가서 깨끗하게 씻으면 기분이 좀 좋아질 거야.

"그런 말 쓰지 말라니까

대부분의 부모들은 아이가 하는 말에 대해 신경을 쓰며 잘못되었을 경우 바로잡으려 한다. 물론 이것은 당연히 필요한 일이다.

그러나 어른의 말과 아이들의 말이 같을 수 없다는 사실만큼은 잊어서는 안 된다.

옛날 왕실의 이야기를 담은 영화를 본다고 생각해보자. 영화에 나오는 인물들의 말투는 요즘과 확실히 다르다.

"그랬사옵니까?"

"황공하옵니다."

물론 이런 말들은 최고의 예절을 담은 말임에 분명하다. 그러나 현실에서 이런 말을 사용한다면 우스꽝스러운 일이 되고 만다.

결국 말이란 그때그때 알맞게 사용해야만 올바른 사용이라고 할 수 있다. 잘못된 말과 잘 사용된 말은 정해진 것이 아니라 바로 그 상황에 가장 어울리는 말임을 알아야 한다.

예를 들어 초등학교에 다니는 아이가 친구를 사귀기 위해 처음 보는 아이에게 다가가 이렇게 말한다고 생각해보자.

"안녕하십니까? 좋은 날씨군요. 실례합니다만 같이 이야기를 나눌 수 있을까요?"

예절을 담은 말임에 분명하지만 초등학교에 다니는 아이들이 사용한다면 오히려 이상한 아이처럼 느껴지게 된다.

그럼에도 불구하고 많은 수의 부모들은 이러한 것은 생각하지 않는다. 아이들에게는 아이들에게 어울리는 표현과 말이 있다는 사실을 잊는 것이다.

아이가 엄마와 함께 길을 지나가다가 친구를 만났다.

아이: 어? 희영이구나. 방가방가!

친구: 하이루! 너 어디 가니?

엄마: 야, 너희들 말이 그게 뭐니? 방가방가? 하이루?

아이: 아이, 엄마는… 그냥 우리끼리 쓰는 말이에요.

엄마: 그거 채팅할 때 쓰는 말이잖아. 그건 어법에도 맞지 않고 그런 말을 쓰면 경박스럽게 보여. 그런 말 쓰지마.

아이: 그냥 쓰는 말인데 엄마는….

엄마: 무슨 말이 그렇게 많아! 앞으로 그런 말 쓰지마.

대부분의 부모들은 아이가 조금이라도 품위 없다고 생각되는 말을 하면 "그런 말 쓰지 말라니까!"하고 주의를 준다. 그러나 이미 아이에게 자연스럽게 체득된 말이 하루아침에 바뀔 수는 없다.

그러므로 무조건 "그런 말 쓰지 말라니까!"라고 억압하기 보다는 시간과 장소에 따라 어떻게 말을 구분해 써야 하는지 가르치는 것이 현명하다.

말이라고 하는 것은 상대방이나 상황에 맞게 사용했을 때 비로소 그 힘을 발휘하는 것이다. 활기 있는 아이들끼리는 "안녕하십니까?" 보다는 "안녕!"이라고 하는 것이 더 친숙하게 들리기 마련이다. 운동 경기 등을 하고 있을 때라면 "잘 하세요!" 보다는 "파이팅!"하며 소리 지르는 것이 자연스러우며 활기찬 응원이 되는 것과 같다.

물론 인터넷 채팅을 하며 어법에 맞지 않는 말을 마구잡이로 사용하는 것이 좋다는 뜻은 아니다. 그러나 부모가 아이의 말 한마디에 집착하며 계속 주의를 주게 되면 아이는 억압을 받고 있다고 느끼게 된다. 결국 부모 앞에서는 말문을 닫아버리는 경우가 생기게 되며, 부모와 이야기를 하지 않는 아이들은 문제아가 될 가능성이 높아진다는 사실을 명심해야 한다.

그러므로 아이에게 말하는 법을 가르쳐줄 때에는 상대에게 상처를 줄 만한 말은 피하고, 모르는 사람이나 나이 드신 어른에게 말을 할 때에는 조심스러워야 한다는, 두 가지 점만 가르쳐도 충분하다.

그리고 평소 아이와 함께 대화를 할 때 부모가 일방적으로 말하기보다는 아이가 말을 많이 할 수 있게 하여 스스로 표현력을 키울 수 있도록 만드는 것이 좋다.

아이가 엄마와 함께 길을 지나가다가 친구를 만났다.

아이: 어? 희영이구나. 방가방가!

친구: 하이루! 너 어디 가니?

엄마: 친구하고 주고받는 말이 참 밝아서 좋기는 한데 좀 낯선걸?

아이: 채팅할 때 쓰는 말인데 요즘 유행하는 말이에요.

엄마: 그렇구나. 엄마도 친구들을 만났을 때 그런 말을 쓰면 어떨까?

아이: 에이, 그건 너무 이상할 것 같아요.

엄마: 그렇겠지? 그런 말이 경쾌하고 즐거울 수 있지만 어쩐지 좀 조심스럽지는 않다는 생각이 드는 걸?

현명한 자녀 교육방법

1. 단편 지식보다는 넓은 지혜를 가르쳐라.

유태인들은 고기를 잡는 법보다는 그물을 짜는 법을 가르친다고 한다. 이처럼 앞을 내다보고 자녀를 가르쳐야 한다.

2. 너무 공부만 강요하지 말고 즐거운 마음으로 생활할 수 있도록 가르쳐라.

자녀의 적성과 특기를 잘 살펴서 오로지 공부만을 강요하여 공부벌레를 만들기보다는 적성에 맞는 소질을 계발할 수 있도록 가르쳐야 한다.

3. 듣는 교육보다는 보는 교육을, 보는 교육보다는 생각하는 교육을 해라.

백 번 듣는 것보다 한 번 보는 것이 낫다고 했다. 항상 무엇을 해라하고 강요하기보다는 부모가 한 번 하는 모습을 보여주는 것이 더 좋다. 그리고 스스로 느끼고 생각할 수 있도록 해야 한다. 가끔 자녀들과 여행을 하면서 듣고, 보고, 느끼고, 생각할 수 있도록 가르쳐야 한다.

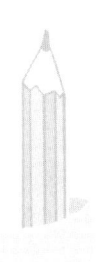

4. 남이 하는 정도로 만족하지 않게 하라.

자녀가 모든 것을 다 잘하는 만능 박사가 되도록 애쓰지 말고 적성에 맞는 분야에 최선을 다하도록 가르쳐라. 그 분야에 최고가 될 수 있다는 자부심을 심어주어 그 분야만큼은 남보다 더 열심히 노력할 수 있도록 가르쳐야 한다.

5. 자녀를 야단쳤다면 반드시 위로와 격려를 해주어라.

자녀의 잘못에 대해 벌을 주었다면 그로 인해 마음의 상처가 오래 가지 않도록 위로와 대화를 통해 풀어주어야 한다. 잘한 일에 대해서는 칭찬과 격려를 아끼지 말고 더 잘 할 수 있도록 가르쳐야 한다.

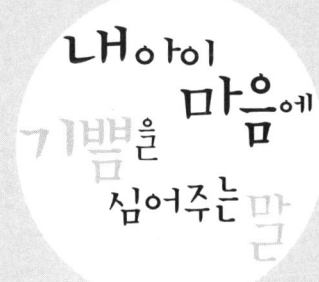

내아이 마음에
기쁨을 심어주는 말

부모들은 모두 아이의 마음속에 그러한 정신이 깃들어 있기를 원한다.
'노력하면 성취할 수 있다' 는 성실한 마음과 의지를 갖기를 원하는 것이다.

3

" 무섭긴 뭐가 무서워, 남자가

자신의 아이가 강하고 용기 있는 아이로 자라기를 바라는 것은 아이를 가진 부모들의 공통적인 특징일 것이다. 그러나 어린 아이들은 남자이기 이전에 아이일 뿐이다. 그렇기 때문에 남자아이들도 여자아이들과 마찬가지로 무서움을 잘 타고 겁이 많은 것은 당연하다. 또한 개인의 특징이 강하거나 용기가 넘치는 것과는 거리가 있을 수도 있다. 그럼에도 불구하고 부모들은 남자아이라는 이유 하나만으로 아이를 강하게 키우려고 노력하게 된다.

그래서인지 어두운 것을 무서워하거나 익숙하지 않은 곳에 가는 것을 두려워하는 아이에게 창피를 주어 다음에는 그러지 않게 하려는 부모들이 있다.

　오랜만에 시골집에 내려가 마당에 있는 재래식 화장실을 사용하게 된 아이. 특히 밤이 되자 화장실을 가는 게 무섭다며 투정을 부리기 시작한다.

아이: 엄마, 같이 화장실 가자.

엄마: 화장실? 그냥 가면 되잖아, 왜 엄마가 거기까지 따라가?

아이: 무섭단 말이야.

엄마: 무섭긴 뭐가 무서워? 사내 녀석이.

아이: 그래도 무서운 걸 어떻게.

엄마: 정 무서우면 참아. 그 정도 일을 가지고 무섭다고 하면 앞으로 무슨 일을 할 수 있겠니?

　이럴 경우, 아이는 엄청난 스트레스를 받게 된다. 생리적인 작용을 마냥 참을 수도 없고, 그렇다고 무서운 것을 참고 캄캄한 마당으로 나갈 용기도 없기 때문이다. 물론 그런 강한 자극과 스트레스를 잘 견뎌내는 아이도 있다. 그러나 그것은 아이의 개별적인 특성에 따른 것이지 무엇이 더 좋고 나쁘다는 뜻은 아니다.

　무서운 것을 무서워하는 것은 당연하다. 게다가 그것은 지극히 자연적인 감정이므로 어쩔 수 없는 일이기도 하다. 더욱이 무서움을 느끼는 것에 대해서는 사람마다 상당히 차이가 있어서 어떤 사람의 경우에는 의외의 것을 무서워하기도 한다. 바로 사람마다 차이가 심하다는 것을 부모가 인정해야 한다는 뜻이다.

　'우리 아이는 별것도 아닌 데 무서워한다.'라며 '특별히 겁이 많은 것이 아닐까? 라고 걱정할 필요까지는 없다. 공포심은 누구에게나 있는, 중요한 감정의 흐름이기 때문이다.

만약 공포심이 전혀 없다면 더욱 큰일이다. 높은 곳에서 뛰어내리거나 깊은 물로 불쑥 들어갈 정도라면 그것은 차라리 겁이 많은 것보다 못한 결과를 낳을 수도 있기 때문이다. 적당한 공포심은 사람으로 하여금 조심하게 만들며 모든 일에 주의를 기울이게 만드는 힘이 되기도 한다.

그러므로 아이를 강하게 키우려는 욕심으로 "무섭긴 뭐가 무서워!"라며 면박을 주거나 창피함을 느끼도록 만드는 것은 좋은 방법이 아니다.

물론 누구로부터 창피를 당했을 때, 그것을 발판으로 삼아 좋은 방향으로 노력을 기울일 수 있게 된다면 아주 바람직한 경우라고 할 수 있다. 그러나 문제는 그렇지 못할 때가 더 많다는 점이다. 바람직한 방향으로 나가지 못했을 때 아이는 자신감을 잃게 된다.

부모는 아이의 능력이 어른들보다 낮기 때문에 공포심을 느끼는 정도도 더욱 높다는 것을 인정해야 한다. 그렇기 때문에 아이가 무엇인가를 두려워한다고 해서 결코 창피를 주어서는 안 된다.

무서움은 누구에게나 있으며 또한 사람은 약한 존재이므로 그것을 이겨 나가려고 부지런히 노력해야 한다는 것을 아이에게 알려주고 그런 노력을 통해 두려움을 극복해야만 어른이 될 수 있다는 사실을 알려주어야 한다.

아이: 엄마, 같이 화장실 가자. 너무 무서워.

엄마: 화장실 가는 게 무서워? 하긴 엄마도 어렸을 땐 무섭기도 했어. 사실 아빠도 그랬을 걸?

아이: 아빠도?

엄마: 그럼. 사람이라면 누구나 무서움을 느끼는 거니까. 하지만 무서움 이라는 게 한번만 이겨내면 다음부터는 아무 것도 아닌 게 되거든. 한번 부딪쳐서 이기면 다음부터는 덤비지 못하거든.

아이: 정말 그럴까?

엄마: 그럼. 이번에 엄마가 멀리서 보고 있을 테니 너 혼자 화장실에 가서 두려움을 한번 이겨보겠니?

넌 왜 무조건 못 한다는 소리부터 하니?

사람이 처음 세상에 태어나서 할 수 있는 일은 과연 몇 가지나 될까? 우는 일, 그리고 엄마 젖을 빠는 일, 자는 일, 그리고 기껏해야 손이나 발을 움직이거나 눈을 깜박이는 게 전부일 것이다. 그럼에도 불구하고 시간이 흐르면서 사람은 달라지기 시작한다. 웃고, 말하고, 걷고, 뛰고, 또 손으로 무엇인가를 만들어내기도 한다.

이 모든 기적과 같은 변화는 그저 시간이 지난다고 해결되는 것은 아니다. 그렇게 하기 위해 끊임없이 노력했기 때문에 가능한 것이다. 아이는 걷기 위해 부단히 다리의 힘을 키우고 또 균형을 잡기 위해 노력하는 과정을 겪은 후에 걸음마를 할 수 있는 것이다.

그래서 부모들은 모두 아이의 마음속에 그러한 정신이 깃들어 있기를 원한다. '노력하면 성취할 수 있다'는 성실한 마음과 의지를 갖기를 원하는 것이다.

그러나 처음 하는 일은 어른에게도 두려운 일임에 틀림없다. 운전을 처음 배울 때를 생각해보라. 등에서는 진땀이 흐르고 옆에서 다가오는 자동차들은 얼마나 무서운 존재였는가. 결국 몇 번이나 마음속으로 '운전 배우는 것을 포기할까?' 라고 갈등을 겪기도 하는 것은 인지상정이다.

아이들도 마찬가지다. 생소한 일이나 처음 하는 일에 자신감을 보이며 다가서는 일은 쉬운 일이 아니다. 그러므로 아이를 너무 몰아붙일 필요는 없다. 그러나 무슨 일을 할 때에 소극적으로 나서거나, 해보지도 않고 못하겠다며 손을 놓아버릴 경우에는 답답한 마음에 아이를 비난하게 된다.

엄마는 아이의 건강과 체력 단련을 위해 수영을 가르치려고 계획하고 아이를 설득하기 시작했다.

엄마: 이번 방학에는 스포츠센터에서 수영을 배우도록 하자.

아이: 수영? 난 싫어요.

엄마: 왜? 수영을 배우면 여름에 수영장 가서 헤엄도 치고 좋잖아.

아이: 고무튜브만 있으면 나도 수영할 수 있어.

엄마: 고무튜브? 그게 말이 되는 소리야? 수영 배우자.

아이: 난 못해요. 수영 배울 자신이 없어요.

엄마: 넌 왜 항상 해보지도 않고 못하겠다는 말부터 하는 거니?

아이의 소극적인 태도를 보고도 화가 나지 않는다면 거짓말일 것이다. 무슨 일이든 당당히 나서서 하는 아이를 원하기 때문이다. 그러나 아이에게 그런 것을 요구한다는 것은 무리가 따른다. 그러므로 아이에게 새로운 일을 가르치기 위해서는 '수영을 배우면 좋다' 가 아니라 '수영은 재미있다' 로 시작해야 한다.

아무리 어려운 일이라도 흥미를 갖고 한다면 쉽게 배울 수 있기 때문이다. 흥미도 능력의 하나라는 말은 여기서 비롯된 것이다. 억지로 하고자 하는 마음을 갖도록 강요하게 되면 아이는 궁지에 몰리는 기분을 느끼게 된다. 결국 적극적으로 나서서 일을 하지 못하게 되고 성과도 떨어진다. 그렇게 되면 결과도 나빠지고 나쁜 결과를 바라보는 아이의 마음에는 열등감이 각인된다. '아, 나는 어쩔 수 없구나.' 라는 마음을 갖게 되기 때문이다.

불행은 그렇게 자신감을 잃은 사람에게 찾아온다.

부모는 아이가 하고자 하는 마음을 가질 수 있도록 뒤에서 도움을 주는 사람이다. 앞에서 아이를 끌고 나가는 것은 잘못이다. 아이가 하기 싫어한다고 앞장서서 끌고 나가서는 안 된다. 아이가 하기 싫어한다면 그 이유를 찾아내야 한다. 아이가 하기 싫어하는 이유는 간단하다. 그것에 흥미가 없기 때문이다. 그러므로 부모가 해야 할 일은 앞장서서 억지로 아이를 끌고 나가는 것이 아니라 뒤에서 흥미를 가질 수 있도록 만드는 것이다.

아이가 노력을 하게 되면 노력을 인정해 주고 칭찬하여 주도록 하자. 또한 성공하였을 때는 즐거움을 같이 나누도록 하자. 이렇게 하여 아이가 노력과 성공의 즐거움을 느끼게 되면 적극적인 태도로 바뀌게 되는 것은 시간문제이다.

불안 또한 노력을 방해하는 요인이다. 불안을 느끼기 때문에 하고자 하는 움직임이 방해를 받는다. 이때는 그 기분, 즉 불안을 솔직하게 인정하여 주고 누구라도 처음에는 그러하다는 것을 가르쳐 주며 긴장을 풀어주는 것이 우선이다.

긴장이 풀릴 때까지 인내심을 갖고 기다려주는 것은 부모의 몫이다. 얼마나 인내심을 갖고 기다려줄 수 있는지는 그 부모의 성숙도를 알려주는 바로미터와 같다. 그렇게 해서 아이의 긴장이 풀린 후에 다시금 시도하도록 권해야 한다. 이때도 아이가 나름대로 노력을 시작하였을 경우에는 그것만으로도 좋다며 인정을 해주도록 하고, 성공하였을 때는 기쁨을 같이 나누도록 하여야 한다. 바로 이것이 아이에게 튼튼한 받침대 역할을 하는 지름길이다.

하고자 하는 의욕을 잃어버린 아이에게 가장 필요한 것은 따뜻한 격려이다. 그리고 대부분의 아이들은 주변으로부터 노력할 수 있도록 격려 받기만 한다면 훌륭한 사람으로 성장할 수 있는 가능성을 가지고 있다. 이것을 믿지 않는 한 아이를 훌륭히 키우는 것은 불가능하다. 비난만을 받으며 커가는 아이는 태도 자체가 위축되어 잠재된 가능성마저도 잃게 되는 결과를 초래하고 말 것이다. 불만을 가득 품은 그 가슴을 안고 생을 마감하게 될

지도 모르는 일이다.

엄마: 고무튜브만 갖고는 아빠처럼 빠르게 수영을 할 수 없을
걸? 아빠는 아들과 수영시합을 하고 싶어하던데….
아이: 아빠는 수영을 잘 하는데, 어떻게 아빠와 시합을 해요?
엄마: 그러니까 빨리 배워서 아빠를 이길 수 있을 정도의 실력을 키워야
지. 엄마는 아빠와 네가 나란히 수영하는 모습을 보고 싶은데…. 엄청나
게 재미있을 거야. 엄마가 곁에서 도와줄 테니 한번 해보자꾸나.

❝ 다른 사람들이 웃어요

우리나라 사람들은 서양 사람들에 비해 주변의 다른 사람들을 많이 의식한다. 겨울철에 갑자기 기온이 올라가 따스한 날이 되었을 경우, 서양 사람들은 온도에 맞게 얇은 옷을 입고 집을 나서지만 우리나라 사람들은 '겨울에 이렇게 얇은 옷을 입으면 사람들이 나를 보고 웃지 않을까?' 하는 생각에 두꺼운 외투를 입고 집을 나서는 것도 그런 이치라고 할 수 있다.

모든 일에는 나 자신이 우선되어야 하지만 나보다는 다른 사람들의 시선을 많이 의식하는 것도 사실이다.

어떤 사람들은 이런 성향을 협동을 통해 농사를 지으며 살아가던 조상들의 습관이 이어져 내려온 것이라고 말하기도 한다. 또 어떤 사람들은 유교문화를 이유로 내세우기도 한다.

그러나 그 이유를 따지기 전에 생각해볼 일이 있다. 다른 사람을 의식하는 게 과연 좋은 일일까, 아니면 나쁜 일일까 하는 점이다. 물론 두 가지 점을 모두 지니고 있다고 할 수 있다. 다른 사람의 시선을 의식하는 것은 예절의 시작이기 때문에 예의범절에 어긋나지 않게 행동하는 것은 분명 좋은 점이다. 그러나 그 반대로 주변의 시선만을 의식하여 자신이 진실로 원하는 일을 하지 못하게 되거나 허례허식에 빠지는 단점도 분명 존재한다.

그렇다면 우리의 아이들에게는 이러한 것을 어떻게 교육시켜야 할까?

대부분의 부모들은 그런 점에 크게 신경 쓰지 않고 쉽게 말을 한다. 특히 자신의 창피함을 면하기 위해 "이러면 남들이 웃는다."라며 아이의 행동을 제지하기도 한다.

할아버지 생신을 맞이하여 시골 할아버지 댁으로 출발하기 위해 막 짐을 정리하고 있는 중이다.

아이: 엄마! 나 뭐 입어요?

엄마: 지난번에 산 거 있잖아. 검정색 바지에 체크무늬셔츠 입고 회색 마이 입어라.

아이: 그거말고 다른 거 입을 게요. 노란색 츄리닝 한 벌로 입으면 안 돼?

엄마: 할아버지 댁에 가면 친척 어른들도 많이 오시는데 단정한 옷을 입어야지.

아이: 아이, 노란색 츄리닝이 좋은데….

엄마: 지금은 그런 옷을 입을 때가 아니야. 엄마 말 안 들을래! 얼른 회색 마이 입으라니까! 다 낡아빠진 옷을 입고 가면 남들이 뭐라고 하겠어! 다들 너를 보면 웃을 거야!

사실 아이에게는 츄리닝이 편하고 좋을 지도 모른다. 그러나 엄마는 다른 사람들이 그 옷을 보고 뭐라고 할 것인지에 신경을 쓸 뿐이다. 아이의 기호나 편안함이 우선이 아니라 다른 사람의 시선을 우선하여 생각하기 때문이다.

그러나 그런 교육을 받고 자라난 아이는 주위 환경에 너무 신경을 쓰게 되어 아무 것도 자기 마음먹은 대로 해낼 수 없게 될 가능성이 높다. 그래서는 무엇을 하든지 큰 부담으로 느끼게 된다. 생각하는 것의 절반도 실행에 옮기지 못하게 된다. 그런 일이 이어진다면 사람들과의 접촉을 필요로 하는 활동에 있어서는 상당히 뒤처지게 될 것이다. 소극적이고 수동적인 태도가 몸에 붙어버리기 때문이다. 결국 아이는 스스로 만족하는 것에 익숙해지지 않게 되며 늘 불만족스러운 시간을 보내야 한다. 그것은 아주 불행한 일이다.

게다가 그런 일이 이어지면 스스로 하고 싶은 일을 성취하려는 의욕까지 상실할 수 있다는 사실을 깨달아야 한다. 자신의 아이를 조심히 관찰하도록 하자. 하려는 마음만 갖는다면 해낼 수 있는 일임에도 전혀 그런 자세를 가지려 하지 않고 대강대강 하려고만 하지는 않는지, 이유 없이 움츠러들어 자신의 의견을 제대로 표현하지 못하고 있지는 않은지 살펴보도록 하자.

만일 당신의 아이가 그러하다면 그것은 창피함, 수줍음 등을 너무 의식해서, 그리고 실패하였을 때 웃음거리가 되지는 않을까 하는 것에 지나치게 신경 쓰고 있다는 증거로 볼 수 있다.

'우리 아이는 원래 그래요'라고 말하는 부모도 있다. 그러나 명심해야 한다. 원래 그런 것이 아니라 부모가 그렇게 만들었다는 사실을.

엄마: 네가 정 그 옷을 입고 싶다면 그 옷을 입으렴. 하지만 할아버지께 인사를 드릴 때에는 새 옷으로 갈아입고 인사를 드리자. 츄리닝을 입고 인사를 드릴 수는 없지 않니?

쓸데없는 생각 좀 하지 말라니까

아이가 사춘기에 접어들면 당연히 성적인 충동이 생기기 마련이다. 그래서 억지로 이성에 대해 신경을 쓰지 않으려고 노력해도 소용이 없을 정도로 이성에 대한 생각이 온통 머리를 차지하기도 한다.

예전에는 그런 시기가 중고등학교에 진학한 이후에 시작되었지만 요즘 아이들은 초등학교 고학년만 되어도 자연스럽게 이성에 대한 관심에 휩싸이게 된다. 초등학교 고학년 아이들의 대화를 들어보면 '누가 누구와 사귄다'는 이야기가 절대 다수를 차지하고 있다는 것을 알 수 있다.

그렇기 때문에 그 나이 때의 아이들은 고민을 하게 되고 어떻게든 해답을 얻으려고 노력하게 된다. 어떤 아이들은 친구들을 찾아가 속마음을 털어놓거나 책을 뒤져보기도 한다. 그리고 어떤 아이들은 부모에게 마음을 열어 보인다.

그런데 대부분의 부모들은 그럴 때 오히려 부모 자신이 더 당황하게 되어 "그런 쓸데없는 생각은 하지 말어."하고 입을 막아 버리기도 한다.

학교에서 돌아온 아이가 엄마에게 다가가 눈을 반짝이며 말했다.

아이: 엄마, 우리 반 아이들은 모두 변태예요.

엄마: 변태? 그게 무슨 말이야?

아이: 매일 누가 누구랑 사귄다는 말만하고 그래요.

엄마: 뭐? 너희는 아직 초등학생이야. 무슨 그게 변태야? 그냥 친구로 만나는 거지.

아이: 친구가 아니라 애인 이야기라니까요.

엄마: 너도 그러니?

아이: 난 그런 건 아닌데, …다른 아이들이 변태라는 거죠.

엄마: 쓸데없는 생각하지 말고, 들어가 숙제하고 공부나 해! 변태는 무슨 변태, 쪼끄만 것들이 벌써부터.

아이가 부모에게 마음을 열어 보이는 것은 아주 바람직한 일이다. 그리고 대부분의 부모들이 그렇게 하기를 원하고 있다. 그러나 실제로 아이가 마음을 열어 보이면 깜짝 놀라며 입을 닫아버리는 게 대부분의 부모들이기도 하다. 특히 이성문제나 성에 관련된 일일 때에는 더욱 그렇다. 그렇게 한번 입을 닫아버리면 어렵게 자신의 마음을 열어 보인 아이는 부모보다 더욱 당황하게 되어 다시는 부모 앞에서 자신의 마음을 열어 보이지 않게 된다.

고민이 있을 때 부모를 외면하고 다른 곳에서 해답을 찾으려고 노력하는 아이는 탈선할 가능성이 그만큼 높아진다.

특히 성에 관해서는 관심을 가지는 것 자체가 저속한 일이며 더 나아가 그것에 대해 생각하거나 입에 올려서는 안 된다고 하는 분위기를 만들어버리면 사춘기의 아이들은 죄의식에 사로잡히기도 한다.

그러나 이성이나 성에 관심을 갖는 것은 아주 당연한 일이다. 그런 상황에서 무조건 질문을 막으려고만 하는 것은 잘못이다.

사춘기에 접어든 아이가 이성에 대해 관심을 가지는 것은 자연스러운 현상이며 그렇지 못한 것이 차라리 이상하다고 보아야 한다. 그러므로 아이가 그런 것에 관심을 보이게 되면 그것은 어른이 되는 과정이라고 자연스러운 일임을 알려주어 아이를 안심시킬 필요가 있다.

다만 성적인 호기심과 욕구를 지나치게 표출하지 않고 자연스럽게 인생을 살아가는 것이 멋진 일이라는 사실을 알려주는 것이 좋다.

아이: 엄마, 우리 반 아이들은 모두 변태예요.

엄마: 변태? 그게 무슨 말이야?

아이: 매일 누가 누구랑 사귄다는 말만하고 그래요.

엄마: 뭐? 누가 누구랑 사귀는 게 왜 변태야? 변태라는 말은 아주 이상하고 정상적이지 못한 것을 뜻하는 말인데? 남자아이가 여자아이를 좋아하고 관심을 갖는 일은 당연한 거야. 너도 여자 친구가 있잖아?

아이: 친구가 아니라 애인 이야기라니까요.

엄마: 남자라면 어느 정도 나이가 들었을 때 여자에 대해 궁금해지는 것은 당연한 일이야. 또 그것은 네가 어른이 되었다는 증거란다. 그러니까 그건 변태가 아니라 아주 정상적인 거야. 그런 생각이 나지 않는 사람이 오히려 더 이상한 거란다. 다만 너무 한 쪽으로만 치우치는 건 좋지 않지. 너는 축구도 좋아하고 공부도 좋아하잖아? 그런 것과 마찬가지로 어느 한쪽만 치우치는 게 아니라 적절하게 축구도 하고 공부도 하는 것처럼, 여자아이에 대한 관심도 그렇게 적절히 하면 되는 거야. 우리 아들도 이제 다 컸네?

나중에 엄마 원망하지 마

아이들의 마음속에는 언제나 '어떻게 하면 재미있게 놀 수 있을까?'로 가득 차 있다고 봐도 과장이 아니다. 어린 시절에는 친구들과 노는 즐거움이 그 어떤 것보다 크기 때문이다.

그러나 부모들은 매일 '어떻게 하면 놀 수 있을까?'만 궁리하는 자식이 예쁘게 보이지 않는다. 하지만 부모의 마음만 그럴 뿐, 실제 아이들은 원래 그렇게 놀고 싶어하는 게 정상인 것을 어쩌겠는가. 아이들의 마음은 언제나 놀고 싶은 일념에 가득할 뿐, 부모의 바람처럼 공부에 전념하려 들지 않기 마련이다. 하지만 부모의 입장에서는 아이의 이러한 모습을 인정할 수 없다. 그래서 부모들은 협박에 가까운 방법으로 아이에게 공부하기를 요구하며, 만약 공부를 하지 않으면 장래에 큰일이 일어난다는 식으로 말하게 된다.

엄마: 너 엄마한테 말도 없이 어딜 돌아다니다 이제 들어오는 거야?

아이: 놀이터에서 놀다왔지. 다 알면서. 헤헤.

엄마: 웃어? 웃음이 나오니? 너 그렇게 공부 안하고 놀기만 하다가 나중에 뭐가 되려고 그러니? 말 나온 김에 얘기 좀 해보자. 너 나중에 어른 되면 뭐하는 사람이 될 거야?

아이: 음, 내 소질을 살려서, 음, 내가 잘하는 걸로….

엄마: 어디서 들은 말은 있어 가지고…. 구체적으로 말해봐. 어떤 사람이 될 건지.

아이: 엄마는 나보고 외교관이 되라며. 외교관 하지 뭐.

엄마: 외교관? 너 그렇게 공부도 안 하면서 무슨 외교관이야? 너 그렇게 공부 안 하다 외교관은커녕 취직이나 하겠냐?

아이: 외교관 안 되면 다른 거 하지 뭐. 삼촌처럼 영업사원 하면 되잖아.

엄마: 영업 사원은 아무나 시켜주는 줄 알아? 너 그렇게 공부 안 하다가는 영업사원은커녕 굶어죽기 딱 알맞아. 그렇게 되더라도 나중에 엄마 원망하지 마. 알았어?

이렇게 한번 큰 소리를 치고 나면 바로 그 즉시 아이를 책상 앞에 앉게 하는 효과를 나타내기도 한다. 하지만 이런 협박조의 훈계는 아이를 지속적으로 공부에 전념하게 만드는 효과는 없다. 공부를 시작하는 계기가 유쾌한 것이 아니라 불쾌한 감정이기 때문이다. 누구라도 유쾌하지 못한 사항에 관해서는 가능한 빨리 잊어버리고자하는 무의식적인 욕망을 지니고 있다. 그렇기에 협박조의 방법은 생각만큼 효과 있는 방법이 아니다.

그러므로 아이에게 무언가를 시키고 싶을 때는, 귀찮더라도 인내를 갖고 이런저런 예를 들어가며 설명을 거듭하여야만 좋은 효과를 기대할 수 있다. 아이가 공부를 열심히 하도록 만들고 싶다면 먼저 주위에서 존경받을 만한 사람, 하고 싶은 일을 자유로이 할 수 있는 사람이 되고 싶은 생각이 없는지 먼저 일깨우도록 한다. 혹은 특별히 되고 싶은 사람이 있는지 생각해 보도록 한다. 그 다음으로 그 희망을 달성하고 싶다면 상급학교에 진학하여야 한다는 것, 독학이라는 방법도 있기는 하지만 그것은 상급 학교에 합격하는 것 이상으로 노력이 필요하다는 것을 생각하게 한다.

그리고 지금부터 공부하여 실력을 꾸준히 쌓아야 한다는 것에 대해 말해 준다. 만일 부모가 이러한 노력을 꾸준히 계속 한다면 아이는 부모의 기대에 부응하려고 노력을 기울이게 될 것이 틀림없다.

부모가 너무 조급하게 굴지 않고 인내심을 갖고 기다려준다면 말이다.

엄마: 외교관? 외교관 좋지. 그렇지만 그 꿈을 이루기 위한 공부는 어떻게 하고 있니? 수학이나 영어는 꼭 해둘 필요가 있을 것 같은데….

아이: 외교관 안 되면 다른 거 하지 뭐. 삼촌처럼 영업사원 하면 되잖아.

엄마: 그것도 나쁜 건 아니야. 하지만 영업사원을 하더라도 최고의 영업사원이 되어야 하지 않을까? 그러기 위해서는 열심히 노력하는 자세를 배워야 하고, 또 성실한 모습을 배워야 하지. 너는 지금 성실하게 네 할 일을 하고 있니? 그냥 아무렇게나 해서 될 수 있는 일은 세상에 없단다.

잘 보고 다시 그려봐

아이가 종이를 가져다가 그림을 그리고 있는 모습을 처음 보게 되면 부모는 아이가 컸다는 사실을 실감하며 가슴 벅차 하게 된다.

'벌써 이렇게 커서 그림까지 그리는구나!'

그러나 그 다음부터 대부분의 부모들은 아이가 그리는 그림에 대해 간섭을 하기 시작한다. '이건 이렇게 그려야 하고, 저건 저렇게 그리는 게 맞고…' 라는 식으로 일일이 아이의 그림에 간섭을 시작하면 아이의 그림은 결국 엉망이 되곤 한다.

학교에서 돌아온 아이가 도화지를 꺼내놓고 그림을 그리기 시작한다.

엄마: 아이고, 그림 그리는구나!

아이: 응. 내 친구들이야. 비 오는 날, 친구들이 모여 있는 거야.
엄마: 그런데 머리가 너무 크지 않나? 사람 머리가 몸통보다 크잖아?
아이: 그런가?
엄마: 그리고 비가 오는 모양이 이상한데? 비는 이렇게 위에서 아래로 떨어져야지. 잘 보고 다시 그려봐.

아이의 그림에 대해 시시콜콜 간섭을 하다보면 어느새 아이의 그림은 엉망진창이 되기 일쑤다. 그 이유는 아이의 감정이 사라지고 실제 형태만 남기 때문이다.

그러므로 아이가 그림을 그리고 있다면 일단 간섭하지 않고 옆에서 그윽하게 지켜보는 게 중요하다. 부모가 할 수 있는 일은 아이가 그림을 그리면서 그 속에서 꿈을 펼 칠 수 있게 도와주는 것이지 그림을 그리는 기술을 가르쳐주는 게 아니기 때문이다.

그림 그리기 대회나 백일장 등에 가보면 부모가 아이의 그림을 대신 그려주거나 대신 글을 써주는 경우를 많이 보게 된다. 이것은 정말 나쁜 태도라고 할 수 있다.

아이들에게 꿈과 상상력을 빼앗는 것이기 때문이다. 어린 아이는 꿈을 전개시키고자 그림을 그리는 것일 뿐 거기에서 어떤 형태를 추구하는 것은 아니다. 또한 머리 속에서 추상적으로 상상하는 힘이 부족하기 때문에 그저 자신의 생각 속에서 표현하려고 할 뿐이다. 그러므로 아이의 그림은 기능이나 예술의 교육이라고 하기보다는 놀이를 통한 지식의 교육이라고 할 수 있다. 아이는 그것을 통해 창조적인 사고력과 그에 필요한 사물을 보는 시각을 키워 나간다.

초등학교 2학년 정도까지의 미술 교육에 서투른 아이의 그림에서는 형태를 가르치는 일은 절대 금물이다. 그렇지 않으면 그저 부모가 가르쳐 준 것을 모방하는 것에만 관심을 쏟아 가장 중요한 꿈을 전개하는 노력은 완전히 잃어버리고 만다. 결과적으로 창조적 사고가 봉쇄되어 그저 그림 그리는 기술자로만 키워지게 되고 마는 것이다.

아이의 그림에서는 속에 가지고 있는 자유를 대담하게 표현할 수 있도록 하는 것에 초점을 두어야 한다. 형태의 문제는 그 과정속에서 조금씩 고쳐나가는 것으로 충분하다. 그리고 그것을 통해 아이는 꿈의 표현법을 하나씩 절묘하게 다듬을 줄 알게 된다. 그렇게 해야 아이가 비로소 자신이 스스로를 진단하고 지도하여 문제를 스스로 해결하는 자세로 살아갈 수 있는 법이다.

엄마: 참 재미있는 그림이구나. 친구들을 많이 그렸네. 이 친구들과 어떻게 재미있게 놀고 있는 건지 이야기해 줄래?

공부도 못하는 게 무슨…

　대부분의 사람들은 관심 없는 사람에게는 화를 내거나 비아냥거리는 말을 사용하지 않는다. 가만히 살펴보면 자신이 가장 사랑하는 사람, 그리고 가장 아끼는 사람에게 화를 내거나 비아냥거리고 있는 자신을 발견하곤 한다.

　바로 사랑이 있기에 미움도 있다는 말은 그래서 생겼는가 보다. 자신이 가장 믿고 의지했던 사람이 그런 믿음을 저버리면 화가 나는 것이고, 잘 할 것으로 기대했던 사람이 의외로 실수를 하게 되면 더 잘하라는 채찍으로 비아냥거리게 되는 것이다.

　화를 내면 그것이 진짜 화가 나서 그러는 게 아니라 더욱 잘하라는 격려의 의미로, 비아냥거리는 것도 그것을 계기로 열심히 하라는 자극으로 하는 말이기 때문이다.

그러나 이런 것들은 어른에게만 통하는 것이다. 말속에 감추어져 있는 깊은 뜻을 파악할 수 있는 사람은 사실 어른 중에도 그리 많지는 않다. 하물며 어린 아이에게 그런 것을 바란다는 것은 어불성설이다.

여름방학을 맞이한 아이가 신나게 집으로 돌아와 밝은 얼굴로 입을 열었다.

아이: 엄마! 나 이제 방학이야!

엄마: 방학이 그리도 좋니?

아이: 그럼! 이제 늦잠 자도 되고, 바다로 놀러도 가고!

엄마: 누가 늦잠을 자도 된다고 했지? 그리고 누가 바다로 놀러 간다는 말을 했니?

아이: 학교에 안 가도 되니까, 늦게 일어나고….

엄마: 공부도 못하는 게 꼭 놀 궁리부터 한다니까. 그리고 너는 하라는 공부도 안 하면서 엄마 아빠에게는 바다로 놀러가자고 하는 거야? 네가 할 일을 다 한 다음에 엄마 아빠에게 뭘 해달라고 말을 해야 들어주지. 공부도 못하는 게 무슨….

어느 부모가 아이를 사랑하지 않겠는가. 위의 상황도 다 아이를 사랑하기에 하는 말이다. 만약 아이에게 관심이 없다면 그렇게 아이의 말꼬투리를 잡아 면박을 줄 필요도 없다. 모두 사랑하는 마음에서, 그리고 그렇게 말하면 오기라도 생겨서 열심히 공부해주기를 바라는 간절한 마음으로 하는 말이다.

그러나 과연 그 깊은 뜻을 아이가 알 수 있을까?

아이는 '아, 우리 부모는 나를 싫어하는구나.' 라는 느낌만을 받을 뿐이다. 그리고 '나는 바다에 갈 자격도 없는 아이다.' 라는 생각까지 하게 될 것이 분명하다.

'자기암시' 라는 말이 있다. 스스로 '나는 미인이다' 라는 생각을 끊임없이 하게 되면 그게 자기암시가 되고, 그런 암시 속에서 자신감을 얻은 그 사람은 얼굴빛이 자신감에 가득하게 되고 결국은 다른 사람의 눈에도 미인으로 보이게 된다는 뜻이다.

그러나 자기암시는 타인암시를 전제로 한다. 누군가 그 사람에게 '당신은 미인이군요!' 라고 말해주어야만 자기암시를 할 수 있는 힘을 얻게 되기 때문이다.

아이도 마찬가지다. 아이에게 '공부도 못하는 게 무슨…' 이라고 말하는 순간, 부모는 아이에게 암시를 주는 것과 다르지 않다. 그 암시는 아이에게 깊이 인식되고 아이도 스스로 '나는 공부를 못하는 사람' 이라는 자기암시를 시작한다. 그래서 결국은 그런 사람이 된다.

이것은 아주 무서운 일이다. 그러므로 부모는 자신의 말 한마디가 아이의 장래에 어떤 영향을 끼칠 수 있는지 깨달아야 한다. 그리고 될 수 있으면 긍정적이고 발전적인 암시를 아이에게 주려고 노력해야 한다.

아이: 엄마! 나 이제 방학이야!

엄마: 방학이 그리도 좋니?

아이: 그럼! 이제 늦잠 자도 되고, 바다로 놀러 가고!

엄마: 좋아. 그러면 엄마하고 약속 하나 할까?

아이: 약속?

엄마: 방학하면 일찍 일어나 운동도 하고 1시간씩 공부를 하기로 하면 바다로 놀러 가는 걸로.

아이: 정말?

엄마: 그럼! 우리 아들이 열심히 운동도 하고 공부도 해서 엄마도 우리 아들 덕에 바다에 놀러 갔으면 좋겠는데?

아이: 좋았어! 내가 엄마에게 바다 여행을 선물로 줄 거야! 기대하세요.

"너 같은 아이 필요 없어!

　회사에서 열심히 일한 이후에 몸과 마음을 쉴 수 있는 곳은 가정뿐이다. 마찬가지로 아이가 학교에서 공부한 후에 편하게 쉴 수 있는 곳도 가정이다.

　가정은 가족 모두에게 피곤한 몸과 마음을 쉬고 다시 밝은 내일을 시작할 수 있게 해주는 중요한 보금자리다.

　그러나 대부분의 부모들은 아이에게도 가정이 몸과 마음을 쉬는 공간이라는 점을 잊곤 한다. 학교에서 돌아온 아이에게 쉴 틈도 주지 않고 공부할 것을 닦달하고 눈에 거슬리는 생활태도를 나무라기 시작한다면 아이는 정말 마음놓고 쉴 곳이 없어진다. 집이 아이를 포근히 감싸주지 않는다면 아이는 갈 곳이 없다.

학교에서 돌아온 이후 밖으로 나오지도 않고 방안에서 조용히 있는 아이가 무엇을 하는지 궁금해진 엄마가 아이 방문을 열고 들여다보았다. 아이는 침대에 누워 만화책을 보고 있었다.

엄마: 너 지금 뭐하는 거야?

아이: 만화책….

엄마: 너 만화책 본다는 소리가 입에서 나와? 너 어제 수학 시험에서 60점 맞았다면서? 창피하지도 않아? 그럼 공부를 해야 할 것 아니야!

아이: 조금만 쉬구요.

엄마: 쉬어? 네가 뭘 했다고 쉬어? 매일 노느라고 힘들어서 쉬어? 수학시험 60점 맞느라고 힘들어서 쉬어? 엄마도 쉬고 싶어. 하지만 엄마도 참고 일하는 거야. 그런데 너는 쉬어? 너 같은 아이 필요 없어. 그렇게 자기 하고 싶은 것만 하려고 하고, 해야 할 일은 안 하는 아이는 필요 없어. 당장 나가!

부부 사이에서도 자주 발생하는 문제가 바로 '나는 힘들게 일하는 데 당신은 뭐냐?' 라는 것이다. 남편은 밖에서 열심히 일하고 돌아왔는데 집에서 놀고 먹는 아내를 보면 화가 난다고 말하는 남편도 있다. 또 남편은 매일 밖에서 술 마시고 놀다가 늦게 들어오는데 자신은 집에서 하루 종일 일만하고 쉬지 못한다고 불평하는 아내도 있다.

그러나 문제는 누구는 놀고 누구는 일한다는 것에 있지 않다. 이해해 주지 않는 듯한 모습에 화가 날 뿐이다. 밖에서 술을 마시고 들어와도 다독여주며 이해해주고, 하루 종일 집에서 자질구레한 가사노동에 지친 아내의 답답하고 고단한 일상을 이해해주는 마음이 서로에게 부족하기 때문이다. 아이 문제도 마찬가지다. 아이도 이해해주어야 한다. 학교에서 선생님과 아이들 사이에서 피곤해진 아이를 가끔은 이해해 주어야 한다. 문제는 만화책이 아니라 조금은 한가해지고 싶은 아이의 마음을 엄마가 이해해주지 못하는 데 있다. 아이에게 가정은 '공부하는 곳'이라는 의미에 앞서 편안히 쉬는 곳이어야 한다. 그것이 가정의 원칙적인 목표라는 것을 잊어서는 안 된다.

아이에게 무엇보다 필요한 것은 '우리 집은 안전하며 편안하다'는 생각이라는 것을 잊지 말아야 한다. 아이에게 평안한 가정이 되어야만 그 바탕에서 공부도 되는 것이다.

엄마: 만화책 보는구나. 너도 요즘 많이 힘들었지? 어제 시험 성적이 나빠서 너도 속상했지? 오늘은 편히 쉬렴. 엄마도 푹 쉬고 싶을 때가 있어. 시험 망친 것은 이제 푹 쉬면서 잊고, 내일부터 열심히 공부하면 되는 거야.

〝 형이면 형답게 행동해야지

　아이들을 키우다보면 같은 부모 사이에서 태어났더라도 각자 개성이 다르다는 것을 느낄 수 있다. 게다가 형제일 경우에는 문제가 더욱 심각하다. 매일 붙어 있어서 그런 것인지 둘이서 툭하면 다투고 싸움을 하기 때문이다. 옆집 아이들과는 잘 지내면서도 형제 사이에는 끊임없이 다투기도 한다.

　그러나 그것은 당연한 일이다. 옆집 아이보다는 형제를 더욱 친밀하게 느끼기 때문에 다투는 일도 많아지게 되는 것이기 때문이다. 대부분의 부모들이 '우리 아이들만 이런가?' 하는 고민을 하게 되지만 형제를 둔 부모들 대부분이 그런 경험을 하고 있다는 사실을 알아야 한다. 결국 형제 사이의 다툼은 아주 당연한 일상이다.

　그러나 아무리 그렇다고 하더라도 형제간의 싸움을 부모가 곁에서 바라보기에는 답답하다. 그래서인지 대부분의 부모가 형제 끼리 싸움을 하면 "형이면 형답게 행동해라.", "동생이면 형한테 대들지 말아야지." 하는 말을 곧잘 하게 된다.

잠시 외출을 했다가 집으로 돌아온 엄마는 거실에서 서로 장난 감을 던지며 싸움을 하고 있는 아이들을 발견하고는 큰 소리를 친다.

엄마: 너희들 지금 뭐하는 거야!

형 : 내가 이거 갖고 노는데, 얘가 와서 자꾸 방해하잖아!

동생: 아니야! 내가 하려는 것만 형이 골라서 빼앗았어!

형: 너 자꾸 거짓말할래?

엄마: 조용히 해! 너는 형이면 형답게 동생에게 양보하고, 그거 한번 져주 면 뭐가 어떻게 돼?

　아이들은 누구나 부모에게 잘 보이려고 최선의 노력을 다한다. 일부러 부모에게 밉보이려 노력하는 아이는 없다. 그렇기 때문에 부모가 하는 말을 대부분 잘 따르려고 노력한다. 잘 보이기 위해 서 노력한다는 뜻이다.

　그러나 형제 사이의 싸움에 끼여들어 '넌 형이니까 양보해!', '넌 동생이니까 형 말을 들어!' 라고 말하는 것은 오히려 불필요한 경쟁심을 갖게 한다.

147

아직 나이가 어릴 경우에는 형제간에 부모의 애정을 다투는 것이 당연하다. 조금이라도 더 사랑을 받기 위해 노력하기 때문이다. 그러므로 그들이 다툼을 할 때에 '형이니까', '동생이니까'라는 말은 오히려 형제간에 문제를 더욱 심각하게 만들뿐이다. 서로에게 증오감을 깊이 하게 되고 더욱 심한 싸움을 유발할 수 있다. 잘못하면 그 다툼이 손댈 수 없을 만큼 큰 문제가 되기도 한다. 따라서 절대 그런 말을 해서는 안 된다.

특히 누군가 분명히 잘못을 했다고 느껴 한쪽을 혼내는 경우는 더욱 심각하다. 부모를 통해 나쁘다고 지적된 쪽은 상대방에게 애정을 빼앗겼다는 느낌과 동시에 증오심을 갖게 된다. 그래서 자신을 이런 상황에 놓이게 한 상대에 대해 복수를 생각하기 시작한다.

반대로 꾸중을 듣지 않은 아이는 더욱 상대를 멸시하려 하고 가볍게 생각하려 한다. 상대에게 철저히 상처를 주어 그것으로 우위를 유지하려고 하기 때문이다.

그러므로 부모는 형제간의 싸움에 있어서는 개입하지 않는 것을 원칙으로 해야 한다. 도저히 형제간에 서로 결론을 내지 못하는 경우에만 재판관이 아닌 조정관의 역할을 담당해 주어야 한다. 조정을 할 때에도 서로의 뜨거운 기운을 식히듯이 부드럽게 웃어가며, 안정된 태도를 취하며, 중립을 지키도록 노력해야 한다.

아이들의 감정에 휘말리지 말고 부모의 원칙에 따라 아이들을 다스리는 마음가짐이야말로 싸움을 그치게 하는 포인트라고 할 수 있다. 그렇게 일을 마무리했다고 끝은 아니다. 그 이후의 처리가 더욱 중요하다. 먼저 아이들 양쪽 모두를 감싸줘야 한다. 또 하나는 상호간에 충분히 대화를 시키고, 상대의 말을 조용히 들어주도록 하는 것이다. 이렇게 하면 점점 서로 냉정을 찾게 되고 이를 통해 감정이 가라앉으면 서로 사이좋게 지내라는 부모의 한 마디가 잘 먹혀든다.

엄마: 너희 둘 모두 방으로 들어가서 누가 잘못한 것인지 둘이 얘기해 봐. 들어가서 다시 큰 소리로 싸우면 둘 다 엄마에게 혼날 줄 알아. 둘이서 이야기를 해서 결과를 엄마에게 알려줘.
잠시 후, 아이들이 밖으로 나와서 말한다.
형: 자기가 잘못했으면서도 끝까지 얘가 우겨!
동생: 아니야! 형이 잘못했어!
엄마: 좋아. 너희들이 끝까지 서로 잘못이 없다고 하면 엄마가 판단하겠어. 어떻게 된 것인지 차례대로 들을 테니 먼저 형부터 얘기해 봐.

에이, 꿈이 겨우 그거야? 내가 미쳐

이제 막 말을 배우기 시작하는 서너 살짜리 어린 아이에게 "네 꿈이 뭐야? 넌 커서 뭐가 되고 싶어?" 이렇게 물었을 때 "문방구 아줌마." "때밀이 아줌마." "오토바이 타고 피자 배달하는 형." 등 의 대답이 나오면 앙증맞고 귀여워 저절로 웃음이 나온다.

하지만 초등학교에 들어가고 어느 정도 '직업'의 개념을 알게 된 아이에게 "네 꿈이 뭐야?"라고 물었을 때 위와 같은 대답을 한 다면 걱정이 되지 않는 부모가 어디 있겠는가. 그런 순간 대부분 의 부모의 입에서는 실망의 말이 나오게 마련이다.

엄마: 우리 아들, 커서 뭐가 되고 싶어?
아이: 멋있는 사람.

엄마: 멋있는 사람? 좋지! 그럼 어떤 직업을 가진 사람이 되고 싶어?

아이: 탐정. 탐정 멋있잖아.

엄마: 탐정은 추리소설 속에나 나오는 거야. 그런 거 말고 실제로 할 수 있는 직업을 말해보라고. 네가 벌써 열두 살인데 그 정도는 생각을 해야지.

아이: 음, 그럼 기술자는?

엄마: 어떤 기술자?

아이: 자동차 고장났을 때 고치는 기술자 있잖아. 우리 선생님이 기술을 한 가지 가지고 있는 것도 좋은 거래.

엄마: 뭐? 나원참.

아이: 왜요? 기술을 배우는 게 나쁜 거야?

엄마: 아니, 기술을 갖고 있는 게 나쁘다는 게 아니라, 꿈을 크게 가져야지. 꿈이 겨우 그거야? 그런 소박한 꿈말고 다른 걸로 말해봐. 외교관이나 의사, 변호사, 과학자, 대학 교수 그런 것들 있잖아.

아이: 음, 난 그럼 학원 선생님 할래.

엄마: 뭐라고? 휴우, 이유를 말해봐.

아이: 학생들을 잘 가르치잖아.

엄마: 내가 미쳐.

　　요즘은 한 가정에 자녀가 한 명이나 두 명이 대부분이다. 그렇기에 자식에게 거는 부모의 기대는 참으로 크다. 나는 그렇게 되지 못했지만 우리 아이만큼은 최선을 다해 공부시켜 사회적으로 출세하기를 간절히 염원하고 고대하는 것이다.

　　태풍처럼 몰아치고 있는 사교육열풍도 이런 부모들의 자식출세에 대한 염원을 보여주는 예이다.

그렇지만 아이가 성장해 나가는 것은 끝없이 이어진 계단을 오르는 일과 같다. 어린 시절의 아이는 계단 하나를 오르는 것도 버거운 일이다. 부모가 아무리 빨리빨리 두세 계단을 한꺼번에 뛰어 오르라고 재촉하여도 아이의 짧은 다리로는 한 계단씩 차곡차곡 올라가는 수밖에 없다.

꿈이나 직업에 대해서도 마찬가지다. 아이는 자신이 주변에서 만나는 어른들을 모델 삼아 자신이 어른이 되면 어떤 일을 할 것인가를 생각한다. 이런 아이들에게 부모가 원하는 '의사, 박사, 외교관' 등은 뜬구름 잡는 개념일 뿐이다.

아이가 어떤 직업에 관심을 갖게 되면 그 직업에 대해 구체적으로 알려주는 것이 지금으로써는 최선이다. 그 직업이 어떤 일을 주로 하고 그 직업에서 필요로 하는 능력은 어떤 것이고, 그 직업을 훌륭히 수행하기 위해서 현재 어떤 노력을 기울여야 하는지에 대해 설명해주어 아이가 스스로 노력할 수 있도록 유도하는 것이 좋다.

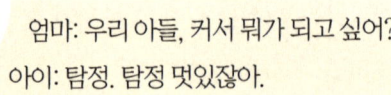

엄마: 우리 아들, 커서 뭐가 되고 싶어?
아이: 탐정. 탐정 멋있잖아.
엄마: 탐정도 멋있지. 하지만 탐정은 추리소설 속에나 나오는 거야. 지금

은 탐정이라는 직업은 없다고 봐야지. 하지만 탐정과 비슷한 일을 하는 직업이 있단다. 법과 관련된 일을 하는 사람이지. 경찰아저씨나 검사, 변호사 같은 직업들이지.

아이: 그래? 그럼 난 경찰아저씨 할래!

엄마: 훌륭한 경찰아저씨가 되려면 지금 어떻게 행동해야 할까?

아이: 음, 신호도 잘 지키고….

엄마: 그렇지! 넌 훌륭한 경찰관이 될 자신 있지?

넌 역시 다른 애들하고 다르다니까

모든 부모들 눈에는 자기 자식이 특별하게 보이기 마련이다. 남들과 똑같이 말을 시작하더라도 남들보다 더 똑똑하게 느껴지기도 하고 남들과 비슷한 시기에 노래를 불러도 마치 노래에 특별한 재능이 있는 것처럼 느껴지기도 한다. 물론 그런 느낌은 잘못이 아니다. 항상 곁에서 지켜보고 또한 사랑의 마음이 있기에 다른 아이들과 다르게 보일 수밖에 없는 것이 사실이기 때문이다.

그러나 그러한 감정이 너무 지나쳐 아이에게 항상 "너는 다른 아이와는 다르단다. 다른 아이들이 놀고 있을 때에도 열심히 공부하여 훌륭한 사람이 되지 않으면 안 된다."라고 말하게 된다면 문제가 있다.

엄마는 아이의 수학 실력을 높여야 한다며 총정리 문제집 외에 따로 수학 문제집을 준비했다.

엄마: 오늘부터 총정리 문제집을 과목별로 한 단원씩 풀고 매일 이 수학 문제집 두 장씩 풀어라.

(수학문제집을 살펴본 아이는 놀란 얼굴이다.)

아이: 엄마, 이건 올림피아드 문제집이네? 이건 제일 어려운 문제집이라던데…. 내가 풀 수 있을까?

엄마: 다른 애들도 총정리 문제집 풀고 있는데 너도 똑같이 총정리 문제집만 풀어서 되겠니? 총정리 문제집은 기본으로 하고 어려운 걸로 더 풀어야지.

아이: 그런데, 나한테는 너무 어려울 것 같은데….

엄마: 해보지도 않고 그게 무슨 소리야? 그리고 다른 애들하고 똑같이 해서는 실력이 좋아질 수가 없다니까.

아이: 휴우, 총정리 문제집 다 풀기도 힘들 것 같은데….

엄마: 엄마가 하라는 대로 해. 넌 나중에 훌륭한 사람이 되려면 다른 애들이랑 똑같이 공부해서 되겠어? 넌 다르다니까.

　다른 아이들보다 뛰어난 아이가 되는 것이 나쁜 일은 아니다. 하지만 어렸을 때부터 이렇게 특별한 사람 취급을 받아 다른 친구들과 어울려 노는 즐거움을 모르고 크게 되면 여러 가지 문제를 야기할 수 있다. 다른 사람의 마음을 이해하지 못하여 인간관계 성립이 어려워지게 되거나 그로 인한 욕구 불만 때문에 노력하지 않는 아이가 될 수도 있기 때문이다. 게다가 성적까지 부모의 기대에 반하는 결과를 보이게 되면 문제는 더욱 커진다. 반대로 부모가 원하는 대로 노력하여 좋은 성적을 내고 있더라도 스스로 안심을 하지 못하게 되기도 한다.

또한 그렇게 자란 아이는 주위의 모든 사람들을 자신의 밑으로 생각하게 되어 다른 사람들로부터 따돌림을 받기도 한다.

그러므로 자신의 아이를 훌륭한 사람으로 키우고 싶다면 다른 사람과 다른 특별함을 아이에게 강요해서는 안 된다. 모두가 함께 하며 그 속에서 당신의 아이가 우뚝 설 수 있기를 기원해야 한다. 다만 옆의 친구들 이상으로 노력하는 적극성을 가지도록 도와주는 게 최선이라고 하겠다. 다른 친구들과 함께 어울려 살면서 그들 이상으로 노력하는 것이 유능한 것이라는 사실을 아이에게 가르쳐야 한다.

그런 사실을 깨닫고 의욕적으로 인생을 사는 사람만이 시간과 능력의 사용법에 충실할 수 있으며 그런 노력이 이어지면 언젠가는 우뚝 서는 사람이 될 수 있는 법이다.

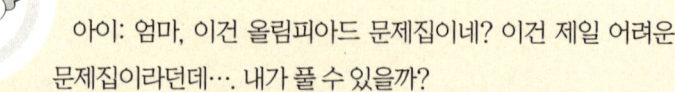

아이: 엄마, 이건 올림피아드 문제집이네? 이건 제일 어려운 문제집이라던데…. 내가 풀 수 있을까?
엄마: 누구나 하고자 하기만 한다면 놀랄 정도의 힘을 발휘할 수 있단다.
아이: 다른 아이들은 이런 거 안 하는데….
엄마: 그러면 네가 먼저 한번 해보고, 다른 친구들에게도 권하면 되겠네.

어렵다고 생각하지만 말고 가능한 너의 모든 힘을 동원해서 노력해 보는 거야. 그런 노력만이 너를 훌륭한 사람으로 만든단다. 일단 한번 해보는 거야.

" 그 집에 놀러가지 마라

아이들의 마음은 천사와 같다고 하지만 매일 곁에서 같이 생활을 하다보면 천사라는 말에 의문이 들기도 한다. 언제나 자기 뜻대로 모든 일을 하려고 하고 조금이라도 자기 뜻에 어긋나면 울거나 투정을 부리기 때문이다. 그러나 그 마음에 남을 해치려는 의도가 있는 것은 아니다. 남에게 일부러 피해를 주려고 의도하는 마음이 아니라 순수한 마음이기 때문에 아이들 마음을 천사와 같다고 하는 것일 것이다. 부모들은 그렇게 아이의 행동을 이해하고 사랑으로 가르치려고 노력을 하게 된다.

그런 아이가 조금씩 자라 친구의 집에 놀러가겠다고 말하면 은근히 걱정이 되는 게 모든 부모들의 마음이다. 집에서는 부모가 곁에 있으면서 아이의 잘못된 행동을 이해하고 바로잡아줄 수 있지만 남의 집을 가게 되면 부모가 그렇게 해줄 수 없기 때문이다.

그렇기 때문에 부모는 아이가 혹시 남의 집에 놀러 가서 피해를 주지 않을까 신경을 쓰게 된다. 이것은 아이 지도에 있어서 중요한 부분이다. 상호 자유를 존중하여 피해를 주지 않도록 가르치는 것으로부터 민주주의 교육이 시작되기 때문이다. 하지만 그 중에는 너무 지나친 나머지 아이가 남의 집에 놀러 가는 것까지 막아버리는 부모들이 있다. 그러나 그런 경우 아이에게 해가 되기도 한다.

아이가 학원에서 새로 친구를 사귀었다고 엄마에게 자랑을 하더니 그 친구네 집에 놀러 가겠다고 한다.

엄마: 이름이 영재라고? 집이 어딘데?

아이: 놀이터에서 오른쪽으로 쭉 가다가 그 옆길로 돌아가면 있어요.

엄마: 가본 적이 있어?

아이: 네. 어제 갔다 왔어요.

엄마: 그 애네 엄마가 집에 계시던?

아이: 응. 그런데 우리 집이랑 다르더라. 우리는 계단 위로 올라오잖아. 영재네는 계단 아래로 내려간다. 그리고 좀 어두워. 그런데 영재네 엄마는 컴퓨터를 계속 해도 뭐라고 안 한대. 우리는 거의 못하게 하잖아. 그리고….

엄마: 그 집에 놀러 가면 안 되겠다.

아이: 왜요? 난 영재랑 놀고 싶은데…. 놀러오라고 했단 말야.

엄마: 가지 말라니까.

아이가 친구를 만나는 것에 대해 이래라저래라 해서는 친구를 만나거나 사귀는 일이 불가능해져 사회성이 결여된 아이를 만들 수도 있다.

위의 경우처럼 아이의 친구가 마음에 들지 않아서가 아니라 우리 아이가 다른 집에 피해를 줄까 걱정이 되어 친구 집에 가지 못하게 하는 경우도 있다. 그러나 그런 걱정도 너무 심하게 할 필요는 없다.

유아기에서 초등학교 정도까지의 아이들은 누가 보아도 귀엽게 보이기 때문에 특별히 아이를 싫어하는 사람이 아닌 다음에는 약간의 피해 정도는 웃어넘기는 경우가 대부분이기 때문이다. 아이가 피해를 준 듯하다면 반대로 그 집의 아이를 초대하는 것도 방법이 될 것이다.

이유가 어떻든 간에 친구들의 집으로 놀러 가는 것은 점점 폐쇄적으로 변하는 현대 사회에서 더욱 그 필요성이 강조되는 부분이라고 할 수 있다.

그러므로 아이가 커 갈수록 한 가지씩이라도 좋으니 밖에 나갔을 때의 마음가짐을 가르쳐주도록 한다. 다른 집에 놀러 가면 먼저 인사를 하고 집안에서는 시끄럽게 뛰어다니지 않도록 하며, 식사시간이 되면 가능한 집으로 돌아오도록 일깨워주고 그러한 사항을 제대로 지켰을 때만 자유를 인정해주도록 한다. 이렇게 함으로써 아이는 스스로 일정한 규칙만 지키면 자유를 보장받을 수 있다는 것을 알게 되어 스스로를 조절하는 능력을 배우게 된다.

엄마: 오늘은 네가 놀러가고 다음에는 그 아이를 우리 집으로 데리고 오면 어떨까?
아이: 정말요?
엄마: 그럼! 엄마는 언제나 환영이란다.

자녀의 인격을 위한 부모의 역할

1. 자주 안아주고 귀여워 해준다.

부모의 애정이 담긴 신체 접촉을 많이 받은 자녀는 자신이 부모에게 사랑 받고 있다는 안정감을 느끼게 되어 밝고 명랑하게 자라며 따뜻한 마음을 가지게 된다.

2. 항상 자부심과 용기를 갖도록 한다.

자녀들은 여리고 성인에 비해 불완전한 존재이므로 잘못하는 일과 실수가 많다. 따라서 그때마다 부모의 사랑과 격려로 돌보아준다면 잘못과 실수에 대해 고치기를 결코 두려워하지 않고 용기와 자부심으로 이겨나갈 수 있게 된다.

3. 화목한 가정을 유지한다.

가족간의 유대를 강화하고 대화를 통해 화목한 가정을 이끌어 나가면 자녀들이 가정과 세상을 긍정적으로 생각하게 하고 꿈과 희망을 간직하며 성장하게 된다.

4. 기준과 범위를 정해주고 이를 벗어나면 벌을 준다.

해야 할 것, 하지 말아야 할 것, 어디까지는 해도 괜찮다는 식의 기준과 범위를 정해놓고 그 기준과 범위를 벗어난 행위를 할 때는 반드시 그에 따른 징계를 해야 한다. 그러나 벌을 주기 전에는 왜 벌을 받아야 하는지에 대해 충분히 이해시켜야 한다.

5. 맡은 일에 대해 책임감을 부여한다.

자기가 맡은 일은 끝까지 책임지고 마무리할 수 있도록 한다. 곁에서 도와주는 것은 괜찮으나 결코 대신 해주어서는 안 된다. 먼저 부모가 모범을 보여 이를 보고 배울 수 있도록 하는 것도 한 방법이다.

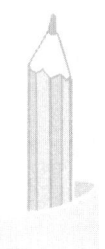

6. 창조력을 길러준다

가족 간 게임이나 만들기 놀이를 활용하여 인성과 창조력을 기를 수 있도록 한다.

7. 자주 한 자리에 모여 대화를 나눈다.

사소한 일에도 의미를 부여하여 가족끼리 자주 한 자리에 모일 수 있도록 하여 놀이를 하거나 대화를 나누어 가족 간 우애를 키워주고 자기의 생각을 자연스럽게 말할 수 있게 한다.

내아이
마음에
감사함을
심어주는 말

4

아이는 부모의 지시가 없어도 자기 자신이 할 수 있는 일을 하나씩 해결해 나가는 힘이 있어야 한다. 그리고 그런 힘을 길러주는 길은 부모가 인내심을 갖고 따뜻한 시선으로 바라봐주는 것이면 충분하다.

" 너 잘 되라고 그러는 거야

부모에게 있어 자신의 아이처럼 사랑스러운 존재는 없다. 특히 요즘처럼 아이를 많이 낳지 않는 시대에는 더욱더 아이가 귀하고 소중한 존재이다. 그러나 귀하다고 마냥 잘 대해줄 수만은 없다. 귀할수록 더욱 이런저런 잔소리를 하게 되는 게 부모의 마음이다. 어떻게든 아이를 좋은 방향으로 나아가게 하고 싶기 때문이다.

하지만 아이들은 그런 부모의 마음을 알지 못한다는 게 문제다. 아이들은 부모가 자신의 사소한 일까지 자꾸 간섭하려 든다고 불만을 갖게 되며 무슨 일이든 자신의 생각은 아랑곳하지 않고 부모 마음대로만 하려고 한다고 느끼게 된다. 그리고 그런 일이 거듭되면 결국에는 반항심을 갖게 되기도 한다.

그러나 그런 것을 알면서도 부모는 부모대로 아이가 자신들의 의견에 따를 것을 강요하게 되고 아이는 부모가 말하는 것에 사사건건 수긍할 수 없다는 태도로 반문하게 된다. 그러면 부모는 결국 언성을 높이며 "너 잘 되라고 그러는 거야." 라는 말로 대화를 끊게 되는 경우가 많다.

저녁 식사 후, 아이에게 독서의 중요성에 대해서 이야기 한 후 책을 읽으라며 제 방으로 들여보냈다. 잠시 후 아이 방에 들어가보니 아이가 만화책을 보고 있었다.

엄마: 책을 보라니까 만화책을 보고 있어? 만화책은 아무 도움이 안 된다고 몇 번이나 얘기했어?

아이: 그래도 재미있는데…. 이것만 보고 책 읽을게요.

엄마: 그거보고 나면 잠 잘 시간되잖아. 만화책 치우고 얼른 책 읽어.

아이: 아주 조금만 더 보고 책 읽으면 안돼요?

엄마: 엄마 말을 안 듣겠다 이거지?

아이: 아니, 그런 게 아니라요.

엄마: 엄마가 너 잘 되라고 이러는 거야. 엄마 마음 아직도 모르겠어?

언성을 높이며 이 말로 대화를 끊는 부모의 심정은 그야말로 답답하기 그지없다. 부모가 심사숙고해 아이 인생에 도움이 되는 쪽으로 이끌려고 하는데 아이가 부모의 마음을 몰라주는 것이 너무 섭섭하고 화가 나는 것이다.

하지만 이런 경우 아이들의 생각은 다르다. 부모가 진정으로 자신을 위한다고 느끼기보다는 '내가 말을 안 들으니까 화를 낸다.'

고 생각하기 십상이다.

부모는 '너 잘되라고 이러는 거야.' 라는 말을 했으므로 아이가 자식을 사랑하는 부모의 마음을 알아주리라 기대하지만 아이는 자신이 재미있어 하는 만화책을 못 보게 하려고 부모가 화를 낸다는 사실에 주목한다.

이런 상황이 자주 발생한다면 아이는 부모가 자신을 위하는 게 아니라 자신을 마음대로 하려고 한다고 생각하게 된다. 부모를 불신하게 되고 부모와 자식간의 틈새는 점점 벌어질 것이다.

그렇다고 아이에게 화를 내지 말라는 말은 아니다. 때로는 화를 내는 것이 필요한 경우도 있다. 부모가 아이에게 화를 내는 모습을 보여주지 않는다면 아이는 부모의 감정과 자신의 잘못을 이해하지 못하게 될 수도 있기 때문이다.

그렇지만 이런 경우 화를 내기보다는 왜 책을 읽어야 하는지 충분한 설명을 해주고 동화책과 만화책을 언제 읽을지 아이와 부모가 서로 약속을 하고 그것을 지킬 수 있도록 도움이 되는 말을 해주는 편이 아이에게는 더욱 설득력이 있다.

엄마: 만화책을 보고 있네. 참 재미있겠구나, 오늘은 보고 있던 책이니까 마저 보고 우리 다음부터는 만화책은 주말에만 보면 어떨까?

**❝ 네가 복에 겨워 그렇지,
옛날에는 어땠는지 알아?**

아이가 잘못을 저지르거나 이치에 맞지 않는 요구를 할 때에 무
조건 야단을 치면 안 된다고 생각하는 부모들이 많다. 그리고 그
것은 어느 정도 사실이다. 그래서 아이를 무조건 혼내거나 꾸중을
하기보다는 조용히 설득하고 타이르고 이해를 시켜야 한다.

그러나 아이를 이해시키기 위해서는 아이와 눈높이를 맞춰 설
득하는 지혜가 필요하다. 아이를 설득하려고 하면서 어른의 눈높
이로 말한다면 문제가 있다는 뜻이다. 그러므로 아이에게 "옛날에
는…"라는 식으로 말하면서 부모의 어린 시절 이야기를 하는 것은
효과적이지 못하다.

왜냐하면 부모가 어릴 적에 살았던 시대와 지금 아이들이 사는
시대는 환경이 다르기 때문이다. 풍요로운 시대에 태어나 풍족한

환경 속에서 자라나는 아이에게 가난하던 시절을 기준으로 삼아 어떤 이야기를 해도 아이들은 이해할 수 없는 것이다. 오히려 부모에 대한 불신감이 커질 수가 있다.

친구와 축구를 하고 오겠다는 아이가 십 분도 안 되어서 뛰어 들어왔다.

아이: 엄마! 나도 바퀴 달린 신발 사 주세요!

엄마: 그건 안 된다고 벌써 얘기했잖아?

아이: 영수도 오늘 샀더라고. 진짜 멋있더라. 나도 사 주세요. 여자애들도 다 신었어.

엄마: 너 롤러 블레이드 산 지가 얼마 됐다고 또 다른 걸 사달래?

아이: 그건 그거고, 바퀴 달린 신발은 다른 거잖아요? 나도 꼭 갖고 싶어요.

엄마: 바퀴 달린 신발이나 롤러 블레이드나 둘 다 신발 밑에 바퀴 달린 건데, 뭐가 또 필요해?

아이: 우리 반 애들 중에 그 신발 없는 애는 나밖에 없다니까요.

엄마: 네가 복에 겨워 그렇지. 옛날에는 어땠는 줄 알아? 신발이 다 헤져도 엄마한테 사달라는 소리도 못했어.

부모들이 어렸을 때와는 시대와 생활환경이 많이 달라졌다. 부모들이 살았던 시대에 비추어 아이들에게도 같은 요구를 하는 것은 무리이다. 부모가 안타까운 마음에 "옛날에는…" 하고 말을 해 줘도 아이들은 그런 시대에 살아보지 않았기 때문에 부모의 말을 납득할 수 없는 것이다. 오히려 아이들은 알지도 못하는 옛날을 들추며 자신들을 잘못을 얘기하는 부모에 대해 불신감과 적대감까지 갖게 된다.

그러므로 그와 같은 말들을 쓰고 싶을 때에는 반드시 시대와 환경의 차이를 생각해 볼 필요가 있다. 그리고 아이들이 부모가 옛날이야기를 왜 꺼내는지에 대해서도 납득할 수 있도록 충분히 설명을 해줘야 한다. 옛날처럼 생각하고 행동하는 것이 왜 좋은 것인지에 대해서도 이해할 수 있도록 이야기해 주어야 한다. 그래야만 교육적인 효과를 거둘 수가 있다.

예를 들어, '옛날에는 어떻게 했는지 알아?' 라고 이야기를 꺼냈다면, 옛날에는 '신발이 다 헤져도 엄마한테 사달라는 소리를 왜 못했는지, 그리고 그것이 왜 미덕이었는지에 대해서도 알려주어야 한다. 요즘 아이들은 신발이 헤졌으면 당연히 사달라고 말하면 되지, 왜 말을 못해?' 라고 생각할 것이기 때문이다.

부모가 살던 시절엔 풍족하지 않았기 때문에 신발 한 켤레도 소중하게 생각하고 아껴 신었으며, 엄마가 신발을 빨리 못 사주면 속상해 할까봐 차마 엄마에게 새 신발을 사달라는 말을 꺼내지 못했던 마음이 다른 사람을 배려하는 아름다운 마음이라는 것에 대해서도 설명해 주어야 한다.

이렇게 할 때 아이들도 부모가 하려는 말의 의도를 납득할 수 있을 것이며, 부모의 의견에 최대한 따르려고 할 것이다.

엄마: 롤러 블레이드를 산지 얼마 되지 않았잖아? 네가 롤러 블레이드를 열심히 타서 잘 타게 되면 그때에도 바퀴 달린 신발이 필요한지 생각해보자.

173

"다음에 사줄게, 다음에 꼭

시장에 가거나 급하게 어디를 가야 할 때, 아이가 갑자기 장난감을 사 달라며 길에서 떼를 쓰게 되면 정말 당혹스럽다. 특이나 사달라는 것이 비싼 것이거나 필요 없는 것일 때, 안 된다고 하면 아이들은 울며 길에 주저앉기 일쑤다. 시간은 없고 아이는 설득시켜야 하고…. 이런 상황이 되면 부모들은 대부분 그 순간을 모면하려는 말을 한다.

"다음에 사줄게."

아이는 그 말을 들으면 부모가 꼭 사줄 것이라는 믿음을 품고 부모 말을 따르겠지만 대부분의 경우 부모들은 이 약속을 쉽게 잊어버리고 만다.

일요일 오후, 회사에 제출할 보고서를 작성하고 있는 아빠에게 아이가 같이 놀자고 말한다. 하지만 아빠에게는 그럴 여유가 전혀 없다.

아빠: 지금 바쁘니까 엄마한테 가봐라.

아이: 싫어요. 아빠, 같이 축구하러가요.

아빠: 지금 일하고 있잖아. 나중에 놀아줄게.

아이: 또 나중에? 아빠는 맨날 나중에, 나중에….

아빠: 진짜야. 나중에 놀아준다니까.

아이: 그럼 조금만 축구 하고 와서 나중에 일하면 안돼요?

아빠: 진짜 바쁘거든. 나중에 꼭 축구하러 가자.

　　아이들은 항상 요구가 많다. 갖고 싶은 것도 많고 하고 싶은 것도 많다. 하지만 아이가 아무리 사랑스러운 존재라고 해도 갖고 싶은 것을 다 사줄 수도 없는 일이고 원하는 바를 모두 들어줄 수도 없다. 하지만 부모가 아이에게 일일이 그것을 설명하기도 힘들고 아이가 납득할 때까지 여유를 갖고 지도하는 것도 쉬운 일이 아니다.

　　이런 경우 부모들은 일단 그 순간을 피하거나 모면하기 위해 "다음에, 나중에 해줄게."라는 말을 하게 된다. 하지만 이런 경우가 자주 있게 되면 아이들도 그것이 부모가 그냥 하는 말일뿐이라는 것을 알게 된다.

　　결국 아이는 때와 장소에 상관없이 자신이 원하는 바를 들어주기를 강하게 요구하며 급기야는 막무가내로 떼를 쓰며 울기 시작한다. 부모가 아이에게 불신을 사게 되는 원인은 어디 있을까? 그 하나는 계획성이 없기 때문이다. 계획성이 없기 때문에 결과적으로 약속을 깨게 될 수밖에 없고, 계획성이 없는 하루하루를 보내는 상황에서 아이는 더 이상 만족을 찾을 수 없다.

또 하나는 아무리 아이의 요구가 강하더라도 받아들이지 못할 경우라면 확실하게 거절하는 용기를 가지지 못했다는 점이다. 그 때문에 부모는 결론을 피해가는 방법으로 이와 같은 말을 사용하게 되는 것이다.

그러므로 아무리 안쓰럽다 하여도 들어줄 수 없는 요구라면 그럴 수밖에 없는 이유를 구체적으로 설명하여 아이가 참아낼 수 있도록 하지 않으면 안 된다. 이렇게 하지 않으면 아이는 성장한 후에도 인내심이나 자제력이 부족해 쉽게 좌절하며 다른 사람을 불신하는 습관을 갖게 될 것이다.

힘들더라도 피치 못할 여건을 설명해 준다면 아이는 자신의 욕망을 참아낼 수 있게 된다. 자신의 욕망을 참아내는 것은 어른이 되는 첫걸음이며 교육의 시작이다.

아빠: 지금 아빠가 중요한 일을 하고 있단다. 내일 회사에 내야 하는 거야. 언제 끝날지 모르겠구나. 그런데 네가 자꾸 아빠한테

말시키면 일이 점점 더 늦어지겠지?

아이: 그럼 일 끝나고 나랑 축구할 수 있어요?

아빠: 그럼 할 수 있지. 하지만 일이 늦게 끝나면 오늘은 축구 못할 수도 있단다.

아이: 알았어요. 그럼 빨리 끝내세요. 기다릴게요.

다음에 사줄게,
다음에 꼭

정말 신경 쓰이게 하네

아이가 서너 살쯤 되면 신발을 신는다든지 옷을 입는 것 등을 스스로 해보려고 시도를 하기 시작한다. 하지만 신발을 스스로 신기는 하는데 왼쪽 신발을 오른발에 신는다든지 옷을 입기는 하는데 뒤집어 입는 등 제대로 되지 않는다. 시간도 오래 걸리고, 하긴 해도 제대로 못하기에 부모는 아이 행동에 일일이 신경을 쓰며 바로바로 도와준다.

그렇게 부모가 따라다니면서 뭐든지 다 해주다가 일곱 살이나 여덟 살 정도 되면 부모는 아이가 이제는 컸다는 생각을 한다. 그렇기에 아이가 물을 달라거나, 옷을 갈아입을 때에도 부모에게 도움을 요청하면 부모는 불평을 하게 된다.

식탁에서 간식을 먹고 있던 아이는 목이 마르자 안방에 있는 엄마를 부른다.

아이: 엄마~ 물 주세요.

엄마: 냉장고에 있잖아. 꺼내 먹으면 되지 또 엄마를 불러?

엄마는 약간 언짢은 투로 말을 하며 물을 따라 준다. 잠시 후,

아이: 엄마~ 물 엎질렀어요.

엄마: 그럼 얼른 닦아야지. 그러고 가만히 있으면 돼?

엄마는 얼른 행주를 가져와 식탁에 엎질러진 물을 훔친다.

아이: 옷도 젖었어요. 갈아입을 게요. 어떤 걸로 입어요?

엄마: 네가 알아서 찾아 입어라.

아이: 엄마가 꺼내주세요.

엄마: 어휴, 정말 신경 쓰이게 하네.

초등학교에 들어가서도 무슨 일이든 스스로 해결할 생각은 하지 않고 부모만 불러댄다면 부모가 불평을 하게 되는 것은 당연하다. 하지만 이는 부모의 책임이 크다. 아이는 필요한 훈련을 적절한 나이에 배우고 익히며 자라야 한다. 하지만 어릴 때부터 아이에게 필요한 훈련을 시키지 않고 부모가 알아서 다 해주었기에 아이는 나이를 먹어도 스스로 해야 한다는 생각을 하지 못하는 것이다.

아이는 은연중에 무슨 일이든 부모에게 도움을 요청하면 다 해준다는 것이 훈련되어 있는 셈이다. 그런 아이에게 제대로 못한다고 질책하고 불평하는 것은 부모의 이기심이라고 밖에 생각할 수 없다.

더욱이 위와 같은 말을 하는 부모들일수록 단호한 면이 없는 경우가 많다. 말로는 불평을 하면서도 몸으로는 이것저것 도와주려 애쓰게 되고 그 때문에 아이는 구박을 받아가면서도 스스로 해볼 생각을 하지 못하는 것이다. 적절한 때에 필요한 훈련을 받지 않고 자란 아이는 점차 자신감을 상실하게 되고 소극적인 아이로 자라기 쉽다.

또한 제대로 된 애정의 만족을 느끼지 못하기 때문에 부모가 과연 자신을 정말로 사랑하는 지 아닌지조차도 헤아리지 못한 채 불안해하기도 한다. 부모의 애정을 확인하려고 또다시 응석받이와 같은 모습을 보이기도 한다.

언제까지나 자립하지 못하는 아이도 역시 이런 식으로 키워지는 경우가 대부분이다.

아이는 부모의 지시가 없어도 자기 자신이 할 수 있는 일을 하나씩 해결해나가는 힘이 있어야 한다. 그리고 그런 힘을 길러주는 길은 부모가 인내심을 갖고 따뜻한 시선으로 바라봐주는 것이면 충분하다.

아이: 엄마~ 물 주세요.

엄마: 냉장고에 있으니까 꺼내서 먹으렴. 그리고 꺼낸 물은 다시 냉장고에 넣어라.

" 거짓말하지 마

아이들이 싫어하는 부모는 일방적인 부모라고 할 수 있다. 어떤 일을 당하더라도 고정관념을 가지고 대하거나 언제나 자신이 옳다는 생각으로 뭉친 부모들은 아이를 힘들게 만든다.

그러나 이런 부모의 모습이 특정한 어느 부모의 개성 때문만은 아니다. 어떻게 생각하면 아이를 키우면서 자연스럽게 몸에 익숙하게 된 생활방식이라고 할 수도 있다.

아직 말도 못하는 갓난아기를 대할 때, 부모는 아이와 말을 하고 싶어도 어쩔 수 없이 하지 못하게 된다. 때문에 아이의 기분을 일방적으로 추정하여 이런저런 일들을 다 해줄 수밖에 없다.

아이가 조금 더 자라 약간의 의사소통이 가능하게 되어도 그것은 마찬가지다. 아이가 표현하는 미숙한 말을 듣고 추측을 통해 아이가 원하는 것을 해주기 때문이다. 이런 과정이 몇 년 이어지게 되면 부모는 아이에게 일방적인 태도를 지니게 될 수밖에 없게 되는 것이다.

1시 30분이면 학교에서 돌아와야 할 아이가 3시가 다 되어서야 집에 들어왔다.

엄마: 왜 이렇게 늦었니? 학교 끝나면 곧장 오라고 했잖아. 학교에서 또 놀다왔지?

아이: 아니요. 방금 끝나고 온 거예요.

엄마: 이게 무슨 소리야? 오늘은 4교시 들은 날이잖아.

아이: 청소했어요.

엄마: 지난주 내내 청소했잖아. 그런데 이번 주에도 또 청소를 했다고?

아이: 그렇다니까요. 우리 반 전체가 다 남아서 청소했어요.

엄마: 그게 아니구, 너 축구하다 왔지?

아이: 이번엔 진짜라니까요.

엄마: 툭하면 엄마를 속이려 들어? 거짓말하지 마. 갑자기 대청소를 왜 해?

아이: 내일 우리 학교 운동장에서 무슨 시합을 한대. 그래서 깨끗하게 보여야 한다고….

평소에 아이가 툭하면 거짓말을 한다거나 잘못한 일에 대해 둘러대기를 잘한다면 부모가 아이의 말에 의심을 하는 것은 당연하다. 하지만 문제는 아이의 말을 의심하는 것이 습관이 되어 아이의 말과 행동을 늘 미더워하지 못하는 것에 있다.

그래서 아이가 아무리 사실을 말해도 부모는 믿지 못하게 된다. 부모도 인간이기에 아이가 작은 실수를 하더라도 "그럴 줄 알았다. 에고 멍청한 놈.", '바보 같은 녀석."이라는 말을 연발하는 모습을 보이는 것이다.

이러한 모습은 다른 형태로도 나타난다. '우리 아이는 착하고 훌륭하다' 고 믿고 있는 부모는 아이가 문제를 일으키거나 이미 문제아가 된 이후에도 그것을 알아차리지 못하고 자기 아이만을 두둔하는 안타까운 모습을 보인다. 어떤 물건을 훔치다가 발각이 됐더라도 "우리 아이가 절대 그럴 리가 없다, 뭔가 잘못 된 것 아니냐."라며 믿지 못하게 된다.

이 모두가 아이를 바라보는 부모의 생각이 일방적일 때 나타나는 현상이다. 모든 관계에서 일방적인 것은 있을 수 없다. 언제나 옳거나 언제나 틀린 사람은 없기 때문이다.

부모로부터 일방적으로 빈정거림과 의심을 받으며 자라는 아이일 경우, '나는 이렇게 해서 칭찬을 받아야지!' 라는 기대 심리가 없어지게 되고 결국 노력할 동기조차 잃어버리게 된다.

인간에게 있어 도덕적인 평가를 형편없이 받는 것처럼 마음의 상처가 되는 일은 없다. 그런데 부모로부터 '너는 나쁜 아이다' 라는 평가를 받게 되면, 그리고 이를 통해 계속해서 마음에 상처를 받는다면, 아이는 설 곳을 잃게 되고 만다.

실제로 비행 청소년의 대부분은 실수로 시작한 경우가 많다. 어린시절, 작은 실수로 문제를 일으킨 이후부터 부모로부터 '너는 그렇고 그런 아이야!' 라는 평가를 받은 것이 계기가 되어 점점 나쁜 길로 접어든 아이들이 많다.

이처럼 아이가 문제아로 자라나는 원인은 부모 쪽에 있다. 부모가 편견을 가지고 아이를 대하기 때문이다. 편견을 없애야 한다. 항상 열린 자세로, 가능성을 가진 눈으로 아이를 바라보는 시선이 중요한 까닭이 여기에 있다.

엄마: 왜 이렇게 늦었니?

아이: 대청소했어요.

엄마: 대청소? 무슨 특별한 일이 있었던 모양이구나. 무슨 일인지 엄마도 궁금한데? 무슨 일인지 말해줄 수 있겠니?

" 심부름 값 줄게

하나부터 열까지 항상 모든 일을 엄마가 챙겨줘야만 했던 아이가 처음으로 심부름을 제대로 해낸 날, 그 기쁨과 뿌듯함은 이루 말할 수가 없다. 너무 대견해 어떤 칭찬으로도 아이가 훌륭히 수행해 낸 업적(?)에 대한 치하로 부족할 것 같은 생각이 들만큼 큰 기쁨을 부모는 느낄 것이다. 그런 때, 부모는 과분한 칭찬의 말과 함께 상금을 주는 일이 많다. 부모뿐만 아니라 가까운 친척이나 부모의 친구들도 심부름을 잘 해내는 것을 보고 칭찬의 말과 함께 용돈을 주는 경우가 종종 있다.

이 시기는 아이가 돈의 개념을 알아가는 때이기도 하다. 이런 일련의 일들을 경험하면서 아이는 심부름을 하면 돈을 받는 것이 당연하다는 인식을 자연스럽게 갖게 된다.

심부름을 하면 돈을 받을 수 있다는 인식을 갖게 된 아이는 심부름을 열심히 하게 되고, 심부름을 시켜달라고 하기도 한다. 물론 심부름을 하는 것 자체에 기쁨을 느끼는 것이 아니라 심부름 후에 받을 돈을 생각하며 즐겁게 행동하는 것이다. 그리고 심부름을 해낸 후에는 당연히 돈을 받으려고 하고 나중에는 돈을 달라고 당당히 요구하게 된다. 심지어는 심부름을 시키면 일단 심부름 값을 얼마를 줄 것인지를 흥정하고 심부름에 응하는 아이들도 있다.

저녁 식사 메뉴로 카레라이스를 하려고 생각한 엄마, 냉장고를 살펴보니 감자와 당근은 있는데 돼지고기가 없는 게 아닌가. 엄마는 아이를 불렀다.

엄마: 돼지고기 좀 사올래? 등심으로 한 근만 달라고 하렴.

아이: 엄마, 저 책 읽고 있는데요.

엄마: 그러니까 얼른 가서 사와. 갔다 와서 책 읽으면 되잖아.

아이: 재미있는 부분을 읽고 있는데…. 조금 있다가 갔다 올게요.

엄마: 후딱 갔다 오라니까. 갔다 오는데 10분밖에 안 걸려. 얼른 갔다 와서 읽으면 되잖아. 엄마랑 말대답 할 시간에 갔다 오겠다.

아이: 그럼 엄마가 좀 갔다 오지.

엄마: 얼른 갔다 와. 갔다 오면 심부름 값 줄게.

아이에게 심부름을 한 대가로 돈을 주는 것이 처음에는 별일 아닌 것으로 생각하기 쉽다. 그러나 그것이 아이의 장래에 어떤 영향을 끼칠 지에 대해 생각해볼 필요가 있다.

아이에게 심부름을 시킨 대가로 돈을 주는 것이 습관이 되면 아이는 심부름뿐만 아니라 공부나 자기방 청소 등을 할 때에도 돈을 요구하게 된다.

부모가 자신에게 무언가를 지시할 때에는 당연히 돈을 주어야 한다고 생각하게 되는 것이다.

더욱이 가족 간의 역할에 대해서도 '아빠는 돈 벌어오는 사람', '엄마는 집안 청소와 음식장만, 가족들 뒤치다꺼리하는 사람'으로 은연중에 생각하게 되고 부모를 우습게 여기는 경우까지 발생하게 된다. 가슴 아픈 일이지만 우리 주변에서도 부모의 말을 우습게 생각하는 아이들을 종종 볼 수 있다.

부모가 어떤 일을 할 때 아이에게 심부름을 하게 하는 것은 아이의 인격 형성을 위해 중요한 일이다. 부모가 하는 일에 동참하게 하면 아이는 가족의 일원으로 자신의 존재가 중요함을 인식하게 된다.

또한 생활에 필요한 일들을 함께 해나감으로써 아이는 가정생활은 부모가 일방적으로 다 베풀어주는 것이 아니라 함께 살아나가는 것임을 스스로 체득하게 된다.

이런 교육이 될 때 가족이란 서로 돕는 협력자의 관계임을 이해하고 서로에게 관심을 갖고 함께 살아가는 화목한 가정이 될 것이다.

그렇다면 아이에게 심부름을 즐겁게 할 수 있도록 유도하는 방법은 무엇일까?

아이도 의견을 내게 하고 함께 참여하는 방식으로 시작한다. 예를 들어, 엄마는 아이에게 오늘 저녁 식사 메뉴는 카레라이스가 어떨지 아이에게 의견을 물어보고 카레라이스에 들어갈 고기가 없다는 설명을 해준다. 엄마가 감자와 당근을 깎아 준비하는 동안 고기를 사오면 정말 맛있는 카레라이스가 완성된다는 말을 해주면 아이는 즐거운 마음으로 심부름을 할 것이다.

물론 심부름을 다녀오면 "네가 사온 고기 덕분에 더욱 맛있는 카레라이스가 완성되겠구나!"라는 칭찬의 말을 해주는 것도 잊지 말자.

이런 가정생활 참여의 교육은 어린 나이 때부터 시작되어야 한다. 심부름 값을 계속 주다가 어느 날 갑자기 주지 않겠다고 하면서 심부름을 하는 것은 당연한 일이라고 한다면 아이는 불만을 품게 될 것이다.

아이를 가족의 협력자로 키울 것인지, 부모를 우습게 아는 아이로 키울 것인지는 부모에게 달려있다.

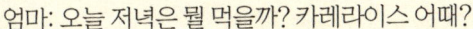

엄마: 오늘 저녁은 뭘 먹을까? 카레라이스 어때?

아이: 좋아요. 와, 맛있겠다.

엄마: 그런데 감자하고 당근은 있는데 고기가 없네. 고기를 넣어야 더 맛있는데…. 네가 엄마 좀 도와줄래?

아이: 네.

엄마: 그럼 카레라이스용으로 돼지고기 한 근만 사올래?

〞 제 멋대로만 하려고 해

부모의 눈으로 보았을 때 아이가 완벽하게 보일 수는 없다. 언제나 어설프고 안타까워서 부모가 뭔가를 더 해줘야 할 것 같다고 느끼는 게 부모 마음이다.

하지만 그런 부모 마음도 모르고 아이들은 점점 자신을 표현하려고 들고 자신의 생각대로 행동하려고 노력한다. 그러면서 점점 자기주장도 강해진다.

아무리 부모가 여러 상황 판단과 살아온 경험에 비추어 나아갈 바와 방법을 제시해도 아이들은 자기가 가고 싶은 길로 가려고 한다.

하지만 부모도 나름대로의 생각과 정당성을 가지고 있기에 아이와의 의견 차이나 대립에서 쉽사리 물러설 수가 없는 것이다.

그러다 보니 아이가 초등학교에만 들어가도 툭하면 말싸움을 하
게 된다.

주말 저녁, 아빠 친구 가족 모임에 가게 되었다. 엄마는 아이들
씻기랴 화장하랴 한바탕 난리를 치르고 있다.

엄마: 너는 청바지랑 재킷 한 벌 있지? 그거 입어라.

아이: 검정 바지에 흰 점퍼 입고 싶은데….

엄마: 흰 점퍼가 너무 얇아서 저녁에는 춥단 말이야. 엄마가 입으라는 거
입어.

아이: 난 흰 점퍼가 좋은데….

엄마: 낡아서 그렇지. 알았어. 얼른 입고 나와. 시간 없어.

잠시 후, 흰 점퍼에 검정 바지를 입고 나와서 엄마에게 보인다.

엄마: 점퍼 안에 그 목티는 또 뭐야? 그건 너무 두껍잖아. 하늘색 목티로
입어.

아이: 난 이게 좋은데….

엄마: 머리는 또 그게 뭐야?

아이: 왜요? 멋있는데….

엄마: 날라리 같잖아. 단정하게 빗으라고 했지?

아이: 왜 그래요? 엄마는 엄마 입고 싶은 거 입고 머리도 마음대로 하면서
나만 못하게 해.

엄마: 하라는 대로 좀 해라. 어떻게 사사건건 제 멋대로만 하려고 해.

아이가 이제는 컷다고 제 멋대로만 하려고 해도 그것을 막을 방법은 없다. 어릴 때는 힘으로 제압이 되었지만 자기주장이 생기고 자기를 표현하려는 의지가 생기면 부모가 그것을 막을 도리가 없는 것이다.

부모는 부모의 판단이 최선이라고 생각하고 무조건 따를 것을 지시하지만 아이들이 그것을 쉽게 받아들이지는 않는다. 나이가 어린 아이라면 그것을 받아들일 것이다. 물론 고분고분한 아이도 받아들일 것이다. 하지만 이미 자기주장이 강해진 아이의 마음에는 불만이 쌓이게 된다.

만약 아이가 하려는 바를 계속 막으려고 하고 부모 마음대로 하려고 한다면 아이의 저항은 갈수록 강해질 것이다. 결국엔 부모의 말이라면 무조건 듣지 않으려는 반발심이 생기게 된다. 반발심이 커지는 것을 그대로 자꾸 혼내고 누르려고만 한다면 아이는 반항하는 아이로 자라나게 되는 것은 불을 보듯 뻔한 일이다.

반항심이 많은 아이로 성장해 가는 것에서 모든 문제가 그치는 것은 아니다. 자신의 의견을 계속 무시당하며 부모의 지시에 따라 자라는 아이는 소극적이고 창의력이 부족한 아이로 자라나기 쉽다.

그럼에도 불구하고 아이의 의견이나 주장을 계속 무시하고 부모의 의견에 따를 것을 주장한다면 아이는 결국 밝고 자신감 넘치는 아이로 자라날 가능성이 없으며 부모를 신뢰하지 않게 될 것이다. 아이의 신망을 잃은 부모는 아이를 키우는데 험난한 앞길이 놓여있을 뿐이다.

아이가 자기표현이 늘고 자기주장이 강해지기 시작하면 부모는 아이의 모습을 그대로 인정해 주어야 한다. 인정할 뿐만 아니라 존중해 주어야 한다. 아이의 인격을 존중해 줄 때 비로소 부모의 권위도 서게 된다. 부모는 정말 중차대한 문제를 제외하고는 아이로부터 논리적으로 지는 듯하여도 그에 대해 화를 내서는 안 된다. 차라리 그만큼 아이가 성장하였다는 것에 기쁨을 느껴야 할 것이다.

엄마: 흰 점퍼를 입어도 되지만 저녁에는 쌀쌀할 거야. 추워도 상관없다면 흰 점퍼를 입고 가거라.
아이: 네. 그런데요, 안에 목티를 두꺼운 것으로 입었잖아요.
엄마: 그 목티는 너무 두꺼운 거라 실내에 들어가면 더울 거야. 목에 땀이 나서 간지러울 것 같은데…. 그래도 괜찮겠어?

지금은 바쁘니까 저리 좀 가라

자신의 일을 어느 정도 자유롭게 직접 할 수 있게 된 아이는 엄마를 졸졸 따라다니며 엄마가 하는 일을 보고 따라하거나 도와주려 한다. 그러나 아이의 그러한 의도하고는 상관없이 엄마는 힘들어진다.

빨래를 하고 있는데 옆에서 갑자기 손을 물속에 집어넣어 비눗물을 사방에 튀게 만들거나 쌀을 씻을 때 씻지도 않은 손을 갑자기 내밀어 다 씻어놓은 쌀알들을 더럽히기도 한다. 이처럼 실제로 일을 엉망으로 만들지는 않는다 하더라도 한참 일을 하고 있는데 아이가 엄마 주위를 빙빙 돌면서 참견을 하게 되면 엄청난 스트레스를 받게 되는 것이다.

이때 엄마는 순간적으로 짜증을 내면서 "지금은 바쁘니까 저리 좀 가라.”하게 된다.

엄마는 며칠 째 감기 몸살을 앓았다. 그 사이 집안은 엉망이 되
었고 밑반찬도 동이 났다. 엄마는 저녁식사를 준비해야겠다는 생
각에 간신히 몸을 추슬러 주방으로 나갔다. 식탁에는 먹다 남은 반찬그릇
이며 밥그릇들이 지저분하게 널려있었다. 식탁을 정리하고 설거지를 막
시작하려는데 아이가 주방으로 들어온다.

아이: 엄마, 괜찮아요? 이제 안 아파요?

엄마: 아직 다 안 나았어. 그래도 저녁밥을 해야지.

아이: (엄마 허리를 뒤에서 껴안으며) 엄마가 아프니까 집이 엉망진창이
야. 빨리 나아요. 엄마, 사랑해요.

엄마: 어이구, 알았어. 저리로 비켜라. 설거지하잖아.

아이: 엄마, 내가 뭐 도울까요? 설거지하는 거 도울까요?

엄마: 됐어. 밥 먹고 나서 밥그릇 싱크대로 치우기나 잘해. 엄마 아프다고
그렇게 식탁 위를 어질러 놓고…. 밥 먹고 나면 밥그릇은 싱크대로 갖다
놓고 반찬은 냉장고에 넣어두고. 알겠어?

아이: 엄마 반찬 뭐 먹을 거예요? 내가 계란프라이 해볼까?

엄마: 너, 계란프라이 해본 적 없잖아.

아이: 엄마가 가르쳐주면 되잖아요.

엄마: 됐어. 네가 할 일이나 잘해. 엄마 일에 참견 말고.

아이: 엄마 내가 도울게요. 나도 해보고 싶어.

엄마: 엄마 일에 그만 참견하고 네 방으로 가거라. 엄마 바쁘다니까.

아이는 엄마를 도와주려고 하는 말이고 행동이지만 엄마는 그런 아이의 행동을 받아들일 준비가 되어 있지 않다. 돕겠다는 생각은 알고 있지만 실제로 아이가 일을 돕기 시작하면 오히려 일이 많아진다는 사실을 알기 때문이다.

그러나 아이가 스스로 엄마를 도우려고 나설 때, 이를 거부하게 되면 앞으로 아이는 엄마를 돕거나 집안일에 대해 신경을 쓰지 않는 아이로 자라게 된다는 사실을 잊어서는 안 된다.

인간의 의욕은 그것이 생겼을 때 적절히 지도하여 일정 수준에 오르도록 하지 않으면 얼마 되지 않아 없어지게 되기 때문이다. 앞의 케이스처럼 엄마를 도우려 했던 자신의 행동을 거부당한 아이는 집안일에 대해 관심을 잃게 되어 두 번 다시는 일을 도우려 하지 않게 된다. 이 때문에 도와줄 만한 나이가 되어 아이에게 일을 시켜 보려고 해도 이런 저런 핑계로 도망가려 하게 된다.

그런 아이를 보면서 "집안일도 하지 않는다."고 불만을 터뜨릴 수는 없다. 아이가 그렇게 된 것은 엄마로부터 학습된 일이기 때문이다.

그러므로 엄마는 아이가 도와주려 할 때는, 설령 방해가 된다고 하더라도 절대로 쫓아 버려서는 안 된다. 빨래를 해보고 싶다면 손수건 한 장이라도 빨아 보게끔 한다. 설거지를 해보고 싶어 한다면 깨져도 손해 없는 그릇 한두 개 정도 하게 한다.

중요한 것은 자신도 엄마를 돕고 있다는 생각에서 오는 즐거움을 맛보게 해주는 것이다. 이렇게 일에 대한 좋은 경험을 쌓은 아이가 장래에 사회에서 능력 있는 사람이 되는 것은 당연한 일이다.

일을 돕는 데 있어 '남자 아이가 그런 데에 관심을 두면 못쓴다'고 하는 사람들도 적지 않다. 그러나 그것은 잘못된 생각이다. '집안일＝여자의 일'이라는 생각은 이제 구시대의 유물이기 때문이다. 집안일에 흥미를 갖는 아이가 자라나서 가정부가 되는 것은 아니다. 그렇게 자라난 아이는 나중에 어른이 되어서도 자신이 속한 그룹의 일에 솔선수범하는 모범적인 사람으로 될 가능성이 높아질 뿐이다. 일을 하는 즐거움을 배우기 때문이다.

아이: 엄마, 내가 뭐 도울까요? 설거지 하는 거 도울까요?
엄마: 엄마를 돕고 싶다면 걸레를 가져다가 거실을 닦아주겠니?
그러면 엄마는 설거지만 하고 조금 쉴 수 있는데….
아이: 알았어요! 제가 거실을 닦을게요!
엄마: 고맙구나! 역시 우리 아들이 최고야!

197

이런 쓸데없는 건 왜 사 왔니?

아이가 어느 정도 크면 대부분의 부모들은 아이에게 용돈을 얼마나 주어야 하는지에 대해 고민을 하게 된다. 처음에는 일주일 분으로, 시간이 조금 더 흐르면 한달 분으로 용돈을 주기도 한다. 물론 '아이들에게 무슨 돈?' 이라고 생각하며 아예 용돈을 주지 않는 부모들도 있지만 아이들에게 용돈을 주는 것은 교육상으로도 매우 좋은 일이라고 할 수 있다. 돈을 계획성 있게 사용하면서 스스로 욕망을 조절할 수 있는 능력을 기를 수 있기 때문이다.

그러나 용돈을 계획성 있게 사용하는 아이는 드물다. 다만 '그렇게 사용하면 좋다' 는 이론이 있을 뿐이다. 그래서 부모들은 아이에게 용돈을 준 이후에 아이가 그 돈을 쓰는 행위 하나 하나에 참견을 하고 관리를 하게 된다.

아이가 초등학교 3학년이 되었으니 용돈을 달라고 했다. 부모
는 상의 끝에 2주일에 5천원씩 용돈을 주기로 하였다. 물론 용돈
을 주면 유용하게 사용하고, 용돈기입장도 기록하겠다는 약속을 받았다.
그리고 처음으로 용돈 5천원을 준 날, 아이는 4천8백원을 주고 만화책을
덜컥 사들고 들어온 것이다.

엄마: 애, 너 그거 뭐야?

아이: 만화책 샀어요. 하하.

엄마: 뭐? 이리 가져와봐라.

(만화책을 살펴보는 엄마, 얼굴 표정이 이미 굳어졌다.)

아이: 왜요?

엄마: 이리 가져와보라니까. 4천 8백원짜리야?

아이: 여러 가지 만화가 들어있잖아요. 그러니까 비싸지.

엄마: 그 용돈이 2주일치인데, 그걸 만화책 한 권 사버리고 말아? 돈이 남
아 돌아서 너한테 용돈 준줄 알아? 이런 쓸데없는 건 왜 사오는 거야?

아이: 뭐 어때. 내 용돈이잖아요.

엄마: 됐어. 앞으로 용돈 없을 줄 알아.

　아이에게 용돈을 주는 이유는 아이 스스로 돈을 계획성 있게 사
용하면서 욕망을 조절할 수 있는 힘을 키워주기 위함이다. 그러나
아이가 처음부터 계획성 있게 돈을 사용하리라고 생각한다면 곤
란하다. 아이에게 그런 능력이 생기기 위해서는 어느 정도 시간을
필요로 하기 때문이다. 아이는 용돈을 사용하면서 실패를 거듭하
고, 또 그런 실패 속에서 계획적인 돈의 사용을 깨닫게 된다. 그러

므로 부모는 아이에게 실패하는 시간을 주어야 한다.

그러나 대부분의 부모들은 그렇게 인내심이 강하지 못하다. 그래서 처음부터 아이의 돈 사용에 간섭을 하고 어떠한 실패도 용서하지 않으려고 든다. 결국 아이가 몇 번의 시행착오를 겪으면 그것을 이유로 용돈을 끊어버리기도 한다. 아이는 다시 용돈을 받기 위해 노력하고 다시 용돈을 받게 되면 부모의 눈치를 보면서 돈을 사용하거나 부모로부터 꾸중을 들을 것으로 예상되면 이를 감추고 거짓말을 하게 되기도 한다.

그렇게 되면 아무리 용돈을 받게 되더라도 자신이 관리하는 재산을 가지고 있다는 기쁨은 생기지 않는다. 생각하면서 돈을 쓰려는 태도도 갖지 못하게 된다. 다만 부모의 눈치를 보거나 속이려는 생각이 들 뿐이기 때문이다.

사람은 경험을 통하지 않고서는 지혜가 늘지 않는다. 아이도 실수와 실패를 통해 올바른 돈의 사용을 깨닫게 되는 것이다. 그러므로 아이의 용돈에 관해서는 어른이 보기에는 필요 없다는 것을 사 왔다 하더라도 결코 비판해서는 안 된다. 그런 비판은 비위생적인 것, 부도덕한 것, 위험한 것을 사 왔을 때만으로 한정해야 한다.

아이가 불필요한 것을 사 왔다고 생각될 때는 꾸중을 하거나 '다시는 돈을 주지 않겠다'라고 협박할 것이 아니라 아이와 함께 대화를 나누어야 한다. 어떤 것이 더 이익이며 어떤 것이 불이익인지 깨닫게 될 때까지 대화를 주고받는 것이 최선의 길이다. 어른이건 아이이건 손해를 보고 싶지 않은 마음은 같다. 어떤 것이 이익이고 손해인지 깨달을 때까지 대화를 하여 아이가 손해와 이익에 대해 지혜를 얻게 된다면 아이는 점점 돈의 사용에 신중을 기하게 된다.

아이가 돈의 사용에 신중해진 다음이라면 이제는 반대로 필요할 때는 한껏 써보는 것도 의미가 있음을 가르쳐 주도록 하자. 그렇지 않으면 남들에게서 구두쇠라는 말을 듣는 매력 없는 아이가 될 수 있기 때문이다. 이처럼 제대로 돈을 쓸 수 있게 된 아이는 창의력까지 훨씬 신장될 수 있다.

엄마: 얘, 너 그거 뭐야?

아이: 만화책 샀어요. 하하.

엄마: 가격이 얼마니?

아이: 좀 비싸요. 여러 가지 만화가 들어 있어서.

엄마: 그렇구나. 4천8백원이구나. 그런데 너에게 준 용돈은 2주일치인데, 그걸로 만화책 한 권 사버리고 말면 남은 돈은 2백원뿐이네?

아이: 뭐 어때. 내 용돈이잖아요.

엄마: 물론 네 용돈이니까 네 마음대로 쓸 수 있지. 하지만 내일 또 갖고 싶은 게 생기면 어떻게 하지?

아이: 음, 그건…. 생각해보지 않았어요.

엄마: 만화책은 한번 읽고 나면 다시 읽지 않게 되잖니? 그러나 지난번에 네가 산 팽이는 값은 쌌지만 아직도 재미있게 사용하고 있지? 이렇게 생각해 보면 돈을 어떻게 쓰느냐에 따라 손해를 볼 수도 있고 이득을 볼 수도 있다는 것을 알 수 있지 않을까?

"이번엔 또 유리창을 깼니?

사람이 세상을 살아가면서 실수를 하나도 하지 않을 수 있는 방법은 하나뿐이다. 아무 일도 하지 않고 가만히 있으면 된다. 그렇게 하면 실수도 없다.

그러나 살아있는 것은 움직여야 한다. 아무 일도 하지 않고 가만히 있는 것은 죽은 것이기 때문이다. 특히 아이들은 잠시도 가만히 있지 못한다. 그 이유는 가장 왕성하게 살아있다는 증거이기도 하다. 그러므로 아이가 들었을 때 지켜내기가 가장 힘든 주문은 '얌전히, 가만히 있어라' 라는 말이다.

그러나 부모들은 가장 쉽게, 그리고 자주 아이에게 말하게 된다. 움직이면 늘 사고를 저지르기 때문이다.

때르릉 때르릉~~. 일요일 오후, 전화벨이 요란하게 울린다.

엄마: 여보세요?

이웃: 정현이네죠? 민선마트 옆집인데요, 정현이가 우리집 유리창을 깼어요. 빨리 좀 와보세요.

엄마: 네? 어이쿠, 또 무슨 일을 저지른 거야. 알았어요.

대충 신발을 꿰어신고 유리창이 깨졌다는 집으로 달려갔다. 골목엔 유리 파편이 떨어져있는 것이 보이고 아이가 고개를 푹 숙이고 서 있다.

엄마: 어머나, 이를 어째. 어쩜 유리창이 깨진 거예요?

이웃: 저 큰 방 유리가 왕창 깨졌어요. 새로 유리를 껴야겠어요. 날씨도 추운데, 참나, 빨리 껴주세요.

엄마: 네. 그래야죠.

아이: 엄마, 죄송해요.

엄마: 야! 넌 어쩜 그렇게 말썽만 부리냐. 이번엔 또 유리창 깼니? 정말 잘 했구나. 누가 골목에서 공놀이를 하래? 운동장 놔두고 왜 골목에서 노느라고 그러냐고? 빨리 집으로 들어가 얌전히 있어!

　　모든 사람들은 실패나 실수를 통해 배움을 얻는다. 이것은 아이나 어른이나 마찬가지라고 할 수 있다. 그러나 아이의 실수나 아이의 실패를 용납하지 않는 부모들이 많이 있다. 실수를 용납하지 않는 이런 부모들이 저지르는 또 하나의 실수는 아이의 행동에 대해 꾸중을 하고 비난을 할 뿐 그 해결책은 제시하지 않는다는 것이다.

　　실수한 아이를 비난하고 화를 내는 것은 누구나 할 수 있는 일이다. 그러나 그 실수를 만회하고 또 대가를 치르는 일을 가르치는 것은 부모의 몫이라는 사실을 잊어서는 안 된다.

실패를 인식시키기만 할 뿐 실패를 어떻게 만회하여야 할 것인지에 대해서 가르치는 것을 잊고 있는 부모들은 의외로 많다. 앞에 예를 든 경우처럼, 부모는 아이가 야구공을 가지고 놀다가 옆집 유리창을 깼을 때 그 부주의함을 심하게 나무라기는 하지만 그것으로 끝날 뿐이다. 그 다음의 배상은 아이를 배제하고 부모 자신이 책임진다.

그것은 큰 잘못이다. 아이를 혼내기만 할 뿐 그 일에 대해 책임을 지는 것에서 아이를 제외시킨다면 아이는 배우는 게 하나도 없는 지경에 놓이고 만다. 혼나더라도 아이 자신이 실패를 만회하거나 배상하는 경험이 없으면 그것이 얼마나 힘든 일인지 충분히 이해하지 못하는 것이다. 그로 인해 아이는 혼나게 되는 두려움 속에서도 몇 번이고 같은 실수를 반복하게 되며 또 그때마다 혼내는 어리석은 악순환이 계속된다.

아이가 잘못하여 피해를 주게 되었을 때는 혼내기보다 그 대가를 확실히 지도록 하는 것이 훨씬 중요하다. 본의 아니게 저지른 일이라 해도 피해를 준 것은 일단 확실하므로 아이가 그것을 인정하게 하고, 반드시 그 손해를 배상해야 한다는 것을 가르쳐야만 한다. 그리고 손해에 대한 배상은 금전적인 배상뿐만이 아니라 잘못하였다고 사과하는 것과 깨진 유리 조각을 깨끗하게 치우는 일등이 포함되어 있음도 가르쳐야 한다.

배상에 필요한 모든 것을 아이에게 직접 시키는 것을 통해 지도한다면 아이도 부주의한 것이 얼마나 많은 배상의 노력이 필요하며 힘든 것이라는 것을 깨닫게 될 것이다.

뿐만 아니라 이러한 것을 통해 아이는 실수를 통해 잃었던 자신감을 되찾을 수도 있는 긍정적인 결과를 얻을 수 있다.

엄마: 그래, 이미 지난 일을 탓하면 무엇 하겠니? 네가 일부러 그런 것도 아니고 실수로 그런 것을…. 누구라도 그런 실수를 할 수 있어. 그렇지만 너 때문에 옆집에 피해를 주게 된 것은 사실이니 배상을 하여야 한다. 피해를 주게 된 것을 사과하고 네가 저금해 둔 돈으로 배상을 하도록 해라.

아이: 돈이 모자라면 어떡하죠?

엄마: 그렇다면 엄마가 나머지를 채워주고, 그 대신 앞으로 네 용돈을 반으로 줄이겠다. 알겠니? 그리고 깨진 유리 조각들도 깨끗하게 청소를 해야 한다. 다치지 않게 조심해서 치우도록 하자.

아직 어린애잖아요

'어린이는 어른의 스승' 이라는 말이 있다. 실제로 어린이를 스승으로 모시는 사람은 없음에도 불구하고, 이 말이 사람들에게 널리 알려진 이유는 그것이 함축하고 있는 의미 때문이다.

그 말은 '어린이의 순수한 마음을 어른들이 배워야 한다' 라는 단순한 교훈 외에도, 더 나아가 어린이도 어른과 같은 인격체로 대해야 한다는 의미를 내포하고 있다.

즉, 하나의 인격체로 대접받지 못하고 어른의 소유물처럼 취급되던 아이들의 위치를 끌어올리기 위해 '어린이는 어른의 스승' 이라는 역설적인 표현을 빌린 것이다.

이처럼 어린이는 어른의 스승이 되기도 하지만, 부모가 꼭 기억해야 할 것은 어린이는 여전히 어른의 가르침을 받아야하는 소중한 제자라는 사실이다.

음식점이나 공중목욕탕 등 사람들이 많이 모이는 장소에 가보면 어린 아이들이 소리를 지른다든지 뛰어다닌다든지 하여 다른 사람들의 눈살을 찌푸리도록 하는 일이 종종 있다.

참다못한 주변의 다른 사람이 아이를 꾸짖기라도 하면 그 아이의 부모는 인상을 찌푸리며 이렇게 말하곤 한다.

"아직 어린애잖아요."

"왜 크는 아이 기를 죽이려고 해요?"

음식점에서 어린 아이가 이리저리 뛰어다니다가 다른 테이블을 건드려 테이블 위에 있던 접시가 떨어져 깨지고 말았다. 종업원이 달려와 손님에게 죄송하다는 말을 전하고는 아이를 가볍게 나무랐다.

종업원: 음식점에서 그렇게 뛰어다니면 못쓴다. 다른 사람들에게 피해를 주잖아.

그러자 아이는 그 자리에서 울음을 터뜨리고 말았다. 순간 아이의 엄마가 다가왔다.

엄마: 왜 그래? 왜 울어?

종업원: 아니, 아이가 뛰다가 접시가 깨져서요, 제가 좀 뭐라고 했더니….

엄마: 뭐예요? 아이가 그럴 수도 있지, 왜 그런 걸 갖고 아이를 울려요!

그러자 곁에서 듣고 있던 손님이 끼어들었다.

손님: 음식점에서 아이를 그냥 그렇게 내버려두니까 그렇죠. 종업원은 잘못이 없어요.

엄마: 뭐예요? 당신은 아이 안 길러요? 아직 어린애잖아요!

대부분의 부모들은 위의 경우를 당했을 때, 다른 사람들 앞에서 아이를 감싸주기 바쁘다. 다른 사람들 앞이니 당연히 아이의 편을 들어주어야 한다고 생각해서 그렇기도 하고, 아이를 잘 단속하지 못한 자신의 잘못을 감추기 위해서 그렇게 하기도 한다. 특히 자신의 아이를 자신이 꾸짖는 것은 당연한 일이지만 다른 사람이 꾸짖는 것은 참지 못하는 사람들도 많다.

하지만 잘 생각해보면 자신이 꾸짖든 남이 꾸짖든, 모두 아이를 올바르게 하고자 하는 의도를 지닌 것이다. 그러므로 부모를 대신해서 아이에게 올바른 길을 알려준 사람에게 "감사합니다."라고 말하는 것이 바른 모습이라고 할 수 있다. 주변의 상황 때문에 그렇게까지는 못한다 해도 최소한 아이에게 왜 혼났는지에 대한 그 이유를 이해시켜 주는 노력은 필요하다.

그러나 부모가 그런 노력을 외면하고 무턱대고 아이의 편을 들면서 일을 수습하고 나면 이를 곁에서 보며 자라는 아이는 점점 제멋대로 되어 부모를 뒤에 업고 안하무인격인 태도를 보이게 되기까지 한다.

이렇게 자라난 아이가 사회에 나갔을 때를 생각해보면 정답은 쉽게 나온다. 이것은 단순히 교육만의 문제가 아니다. 주변으로부터의 잘못을 비난받은 것에만 신경을 쓰며 자신의 책임을 반성하려 하지 않는 사람은 그 어느 곳에서도 환영 받지 못하기 때문이다.

그러므로 아이가 다른 사람에게 꾸중을 듣는 것에 관대해져야 한다. 부모가 늘 아이와 함께 있을 수 없기에 더욱 그렇다. 사람들이 많이 있는 곳에서 보란 듯이 술을 마시고 담배를 피우는 청소년들을 자주 접할 수 있다. 그러나 그들에게 다가가 '그러면 안 된다'라고 꾸중을 하는 사람은 없다. 설사 그렇게 하는 사람이 있다 하더라도 청소년들이 가만히 있지 않고 대들게 마련이다. 이 모두가 어려서부터 꾸중에 익숙하지 않기 때문이다. 다른 사람으로부터의 꾸중을 듣지 않아도 된다는 것을 교육받은 아이들은 스스로 컸다고 생각되는 순간부터는 그 어느 누구의 조언도 듣지 않으려고 하기 때문이다.

이제부터라고 자세를 바꾸어야 한다. 부모나 아이 모두가 이기심에 빠져 살아가려 하고 있지 않은지, 아이니까 뭐든지 괜찮다는 무책임한 특권을 주장하고 있지 않은지, 이것이 과연 인간을 올바르게 키울 수 있는 것인지에 대해 심각하게 고민을 해야 한다는 뜻이다.

음식점에서 어린 아이가 이리저리 뛰어다니다가 다른 테이블을 건드려 테이블 위에 있던 접시가 떨어져 깨지고 말았다. 종업원이 달려와 손님에게 죄송하다는 말을 전하고는 아이를 가볍게 나무랐다.

종업원: 음식점에서 그렇게 뛰어다니면 못쓴다. 다른 사람들에게 피해를 주잖아.

그러자 아이는 그 자리에서 울음을 터뜨리고 말았다. 순간 아이의 엄마가 다가왔다.

엄마: 왜 그래? 왜 울어?

종업원: 아니, 아이가 뛰다가 접시가 깨져서요, 제가 좀 뭐라고 했더니….

엄마: 아, 그랬나요? 죄송합니다. 제가 그만 이야기에 빠져 아이를 관리하지 못했네요. 제 대신 꾸짖어주셔서 감사합니다. (아이에게) 잘못해놓고 울긴 왜 울어. 어서 이 분들에게 죄송하다고 사과해. 네가 부주의해서 피해를 주었잖니.

"우리 아이는 아무리 말을 해도 듣지 않아

　자녀를 키우는 사람들이 모이면 대부분의 시간을 아이들 이야기로 보내게 된다. 가장 큰 관심사가 아이들이기 때문이다. 그만큼 아이들을 사랑한다는 의미이기도 하다. 그러나 이야기가 진행될수록 칭찬의 말보다는 부정적인 말이 많아지는 게 대부분이다.

　처음에는 '우리 아이에게 이런 문제가 있는데, 해결할 수 있는 방법은 없을까?'라는 생각으로 이야기를 시작할 수도 있지만, 이야기가 길어지다 보면 아이에 대한 불평불만으로 바뀌기 쉽다.

　"우리 아이는 아무리 말을 해도 듣지 않아."

　부모가 아이에게 직접 하는 말은 아니지만, 아이와 함께 하는 자리에서 그런 대화가 이어지고 있다면 큰 문제가 아닐 수 없다. 옆에서 이 말을 듣는 아이에게 영향을 미치기 때문이다. 이 말은

'부모는 성심 성의껏 노력하고 있지만 아이가 말을 듣지 않는다'
는 뜻으로 아이에게 이해될 수 있다. 결국 나쁜 건 아이라는 표현
으로 아이의 귀에 들리기 때문이다.

심지어는 "난 우리 아이 포기했어."라는 말도 스스럼없이 하는
부모도 있다.

엄마의 친구가 오랜만에 집에 놀러왔다.

엄마: (친구를 반갑게 맞으며) 어서 와!

아이: 안녕하세요?

엄마 친구: 어머나, 경호 많이 컸구나. 이젠 소년이라고 해야겠는걸.

엄마: 많이 컸지? 조금만 더 크면 나랑 키가 같아지겠어. (아이 보고) 경호
는 네 방에 가서 공부하든지 숙제하든지 해라.

엄마 친구: 경호가 몇 학년이지?

엄마: 3학년이지. 벌써 열 살이잖니.

엄마 친구: 세월 정말 빠르다. 경호 공부 잘 하지?

엄마: 잘하긴…. 작년까지는 공부시키면 하더니 이제는 좀 컸다고 자기
마음대로 하려고 해.

엄마 친구: 작년에 경시대회 나가서 금상인가 탔었다고 했잖아.

엄마: 금상 탔었지. 올해는 나가서 은상도 못 탔단다. 공부를 더 시키려고
해도 말을 들어야지. 빈둥거릴 생각만 하고.

엄마 친구: 우리 애도 일곱 살이잖니. 미운 일곱 살이라는 말이 맞나봐. 요
즘에 말을 안 들어서 큰일이야.

엄마: 나도 경호 때문에 속상해 죽겠다. 아무리 말을 해도 말을 안 들어. 벌써부터 부모 말에 반항이나 하려고 하고, 말썽만 부리고….
엄마 친구: 그래도 좀더 크면 부모 고마운 줄 알겠지뭐.
엄마: 아이고, 됐어요. 난 벌써 우리 아들 포기했어요.

"아무리 뭐라고 해도 말을 듣지 않아.", "난 우리 아이 포기했어."라는 말은 아무리 지도를 해도 효과가 없다는 뜻이다.

효과가 없는 지도라면 그 방법에서 잘못을 찾아야지 아이를 탓할 일은 아니다. 그럼에도 불구하고 아이를 탓하는 듯한 말은 큰 잘못이다. 그것은 단지 자신이 원하는 대로 아이가 따르지 않는 것에 화가 났다는 뜻밖에 되지 않기 때문이다.

그러므로 아이가 말을 듣지 않는다면 방법에서 문제를 찾아봐야 한다. 그러나 곁에서 아무리 그런 말을 하더라도 어떤 부모들은 "몰라서 하는 말이에요. 말을 해도 듣지 않는데 무슨 다른 방법이 있겠어요?"하며 화를 내기도 한다.

게다가 "포기했다."라는 부모의 말을 들었을 때 아이가 어떤 느낌을 가질 것인지도 깊이 생각을 해봐야 한다.

부모들은 자신들에게 아이를 맞춰 가르치려고 할 것이 아니라 아이들에게 가장 잘 어울리는 방법을 찾아내서 아이에 맞게 가르치겠다는 자세를 가져야만 한다.

엄마 친구: 세월 정말 빠르다. 경호 공부 잘 하지?

엄마: 음, 작년까지는 공부시키면 곧잘 하더니 이제는 좀 컸다고 자기 마음대로 하려고 해. 자신이 틀렸다고 생각하지 않으면 끝까지 주장을 굽히지 않는다니까.

엄마 친구: 우리 애도 일곱 살이잖니. 미운 일곱 살이라는 말이 맞나봐. 요즘에 말을 안 들어서 큰일이야.

엄마: 아이들이 다 비슷하잖아. 그래도 나는 그런 아이를 인정해줘야겠다 싶기도 해. 하고 싶은 말을 못하는 것 보다야 자신의 주장을 말하는 게 더 바람직하다는 생각도 드니까.

" 그럴 시간 있으면 공부나 해

공부는 못하지만 남을 잘 돕는 아이가 있다. 공부는 못하지만 노래를 잘 하는 아이도 있고, 운동을 잘 하는 아이도 있다.

이러한 아이들은 나중에 사회에 나가면 어떤 형태로든 사회에서 득이 되는 사람이 되기 마련이다. 그러므로 걱정할 필요가 없다고 할 수 있다. 공부를 잘 한다는 것은 좋은 일임에 틀림없지만 그것만이 인생의 전부가 아니기 때문이다.

그런데 부모들은 너무 공부에만 매달리고 있다. 교육이라고 하면 공부 외에는 아무 것도 없는 듯한 태도를 보이기도 한다.

일요일 아침, 아이가 설거지하는 엄마의 주위를 빙빙 돈다.

엄마: 숙제 없니? 공부할 거 없어?

아이: 엄마, 내가 뭐 도와드릴까요?

엄마: 숙제 없냐고?

아이: 있어요.

엄마: 언제 하려고 그래? 다른 사람 일 신경 쓰지 말고, 가서 네 숙제부터 해.

아이: 알았어요. 운동 좀 하고 와서 할게요.

잠시 운동을 하고 오겠다는 아이가 오후가 되어서야 들어왔다.

아이: 엄마! 엄마! 제가 뭐하고 온 줄 아세요?

엄마: 너 왜 이제야 들어와? 뭐하고 돌아다니다가 지금 들어오는 거야?

아이: 아까 집에 들어오려고 하다가 골목골목 박스 수집하는 할머니를 봤거든. 그 할머니를 내가 도와드렸어요!

엄마: 뭐? 그런데 왜 이렇게 늦게 들어왔어?

아이: 박스들 들고 고물상까지 따라갔었거든. 나보고 너무 착하다고 칭찬해 줬어요. 잘했지?

엄마: 아이고, 거기가 어디라고 그렇게 먼데까지 갔다 온 거야? 그럴 시간 있으면 공부나 해! 공부나 하라고!!

    물론 공부를 열심히 하는 것은 좋은 일임에 분명하다. 특별한 배움을 얻는 것 자체도 중요하지만 공부에 열중하는 자세를 익히는 것도 중요하기 때문이다. 그러나 대부분의 부모들은 공부를 통해 습득하는 지식에만 매달릴 뿐, 그 과정을 통해 배우는 성실한 자세와 기쁨에 대한 배움은 등한시하곤 한다.

그런 잘못된 인식이 공부는 덜하지만 남을 잘 돕는 아이에게 "다른 사람 도울 시간 있으면 공부나 해라."라는 꾸중을 하게 하는 원인이 되는 것이다.

공부는 지식의 습득만을 뜻하는 것이 아니다. 공부를 하는 행위를 통해, 자신의 욕망을 절제하는 능력과 지금의 쾌락보다 먼 미래의 행복을 생각하는 안목, 그리고 바람직한 일을 행했을 때 느끼는 뿌듯함 등을 깨우치게 되는 것이기 때문이다.

그러나 그러한 것들은 도외시한 채 단순한 지식의 습득만을 강요한다면 아이의 장래는 바람직하지 못한 방향으로 흐르기 쉽다. 결과적으로 사회적 책임감이 부족한 이기주의자가 될 가능성이 높다. 그것을 조금씩이라도 극복해 가지 않는 한 만족스러운 사회인으로 성장할 수가 없다.

부모의 입장에서는 단순히 공부를 위해서라고 변명하기 쉽지만 그것은 너무 근시안적인 사고방식일 뿐이다.

앞에 예를 든 경우를 맞이했을 때에는 우선 아이의 행동을 훌륭한 일이라고 인정해 주는 것이 중요하다. 그리고 그 다음에 진정으로 어려운 사람을 돕고 싶다면 공부를 통해 더욱 유능한 사람이 될 필요가 있다는 사실을 알려주어야 한다.

이처럼 정확한 목표를 가지고 노력할 수 있게 해주면 성적도 의외로 좋은 결과를 가져올 수 있다.

잠시 운동을 하고 오겠다는 아이가 오후가 되어서야 들어왔다.

아이: 엄마! 엄마! 제가 뭐하고 온 줄 아세요?

엄마: 왜 이렇게 늦었니? 뭘 하고 왔는데?

아이: 아까 집에 들어오려고 하다가 골목골목 박스 수집하는 할머니를 봤거든. 그 할머니를 내가 도와드렸어요!

엄마: 그래도 너무 늦은 거 아니야?

아이: 박스들 들고 고물상까지 따라갔었거든. 나보고 너무 착하다고 칭찬해 줬어요. 잘했지?

엄마: 잘했구나. 친절하게 사람을 돕는 것은 정말 좋은 일이란다. 오늘은 정말 장한 일을 했구나. 하지만 그 마음을 정말로 넓게 펼치며 더 많은 사람들을 돕기위해서는 더 열심히 공부해서 훌륭하고 유능한 사람이 되어야 한다는 것도 잊어서는 안 된단다.

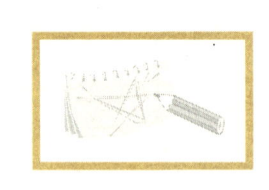